너
자신을
사랑하라

글·사진 장희정

너
자신을
사랑하라

- 281일 동안의 세계 여행 일기 -

harmonybook

PROLOGUE

나에게 가장 해주고 싶은 말

'너 자신을 사랑하라.' (Love yourself.)

무엇을 할 때 행복할까?
세상에 존재하는 많은 감정들 중에 어떤 것이 나를 웃게 할까?

세계를 여행하며 나의 감정을 들여다보았다.

보고, 먹고, 입고, 쓰며
알지 못했던 나에 대해 알게 되었다.

> 나는 뉴욕의 다른 모습을 보고 싶어 지하철을 타고 맨해튼의 반대편으로 향
> 했다. 그곳에는 백인보다는 흑인들이 많이 있었고, 매우 조용했다. 맨해튼
> 만 가도 화려하고 멋있는 사람들이 많은데 이곳은 같은 뉴욕이 맞나 싶을
> 정도였다. 그리고 나는 밤이 더 아름다운 뉴욕, 맨해튼으로 향했다. 뉴욕의
> 이중성. 삶이 이렇지 않을까? 화려한 모습 뒤에 숨겨진 나의 진짜 모습. 누
> 군가에게 잘 보이려는 삶이 아닌 내가 원하는 삶을 살고 싶다. 그게 화려한
> 맨해튼이 아닌 뉴욕의 빈민가일지라도….
>
> - 본문 〈서브웨이〉 중에서-

남에게 보여주려는 삶이 아닌, 오직 나를 위한 삶을 살고 싶었던
어느 여행자의 일기.

CONTENTS

이

북아메리카

Canada

캐나다

어학연수

대학 시절 꿈꾸던 캐나다 어학연수. 세계 여행의 시작을 북아메리카로 정한 이유는 그 때문이었다. 그때 이루지 못한 작은 꿈이랄까? 나는 3개월간 캐나다에서 홈스테이를 하며 영어회화 실력을 다지겠다는 목표로 밴쿠버에 도착했다.

Vancouver, Canada

시작

사실 언어만 다를 뿐 어느 곳을 가든 삶의 방식은 비슷하다. 대중교통, 지하철, 안내판 다르지만 같은 방식. 아침에 수원시청에서 강남구청으로 출퇴근하던 것처럼 나는 어느새 캐나다 밴쿠버에서 어학원을 가기 위해 루펄트 역에서 스타디움 역까지 다니고 있었다. 살면 살아진다. 모든 처음이 어렵지 두 번, 세 번, 네 번은 거뜬하다! 여행도 그렇게 시작하는 게 맞다. 두려움을 없애는 것, 하다 보면 뭐든 할 수 있다. 누구나 꿈꾸는 세계여행일지라도….

Stadium Station

데니스 부부

10년째 홈스테이를 운영하고 있는 데니스, 마리코. 데니스는 항상 마리코의 손을 잡고 다닌다. 부부, 사랑하는 사람과 평생을 함께한다는 건 어떤 것일까? 그들을 보며 나도 이런 사랑이라면 결혼하고 싶다는 생각이 들었다. 항상 내 손을 잡아주며 크리스마스에 캐럴을 틀어 줄 수 있는 센스 있고 따뜻한 사람이라면 평생을 함께할 수 있지 않을까.

Vancouver, Canada

어학원

언어를 배우기 위해 다른 국적을 가진 학생들이 모인 곳. 이곳에서는 모두가 친구이다. 대개는 비영어권 국가의 학생들이 어학 점수, 워킹홀리데이, 회화를 목표로 어학원을 다닌다. 나는 회화 실력을 향상시키기 위해 어학원을 등록했지만, 사실 어학원 수업보다는 액티비티를 더 열심히 즐겼다. 연수에서 가장 중요한 것은 경험, 다양한 국가의 친구들을 만나 문화를 체험하고 즐기는 것이라고 생각한다. 시간은 다시 돌아오지 않는다. 언제 또 내가 다른 국가의 친구들을 만들고 문화를 체험할 수 있을까? 앞으로 이런 기회가 많지 않을 거라는 점을 한 번 더 상기하고 즐기자. 책상에 앉아서 공부하는 것은 한국에서도 얼마든지 할 수 있잖아? 그렇게 어학연수를 즐기다 보면 자연스럽게 영어 실력도 향상되어 있을 것이다.

commercial broadway

저녁 식사

홈스테이에는 저마다 작은 규칙들이 존재한다. 내가 머물고 있는 데니스의 집에서 가장 중요시하는 것은 모두가 함께하는 저녁 식사 시간이다. 매일 오후 6시에 우리는 디너 타임을 갖는다. 데니스는 요리를 좋아하고 즐긴다. '웰컴 투 멕시코!'를 외치며 멕시칸 음식을 소개하는 그의 얼굴에는 미소가 가득하다. 우리는 그에게 타코를 더 맛있게 먹는 법을 들으며 식사를 이어 갔다. 식사 시간 내내 즐거운 대화가 끊이지 않았다. 이렇게 행복하고 유익한 저녁 식사 시간이 어디에 있을까? 행복이 별거인가. 좋은 사람들과 함께하는 맛있는 저녁 식사! 그것만으로도 얼마든지 행복한 삶을 살 수 있지 않을까?

Home Stay House

캠핑

    산과 바다 모두를 가진 캐나다. 캐나디안들의 인생에 캠핑은 삶의 일부분이라고 한다. 그만큼 캠핑을 사랑하고 한 달에 두세 번은 가족들과 주말 캠핑을 떠난다. 나는 그 문화를 체험해 보고 싶어 데니스 마리코 부부와 함께 로키 산맥 근처로 일주일 동안 캠핑을 떠났다. 밴쿠버에서 목적지까지는 차량으로 10시간 거리, 차량 뒷좌석에 앉아 달리는 차 안의 작은 창문으로 캐나다의 대자연을 느끼며 캠핑장으로 향했다. 나는 캠핑을 떠나기 전 궁금했다. 한국의 캠핑과 다른 점이 뭘까? 사실 크게 다른 점은 없었다. 어렸을 적 친한 언니들과 외지 섬으로 캠핑을 다녔던 경험 덕분인지 야외 취침은 그리 낯설지 않았다. 다 같이 맛있는 바베큐 음식을 만들어 먹고 저녁에는 모닥불을 피우고 맥주를 마시며 이런저런 이야기를 한다. 사람 사는 게 다 똑같구나. 그게 지구 반대편의 나라일지라도…. 다른 건 장소, 사람일 뿐 모두가 캠핑을 사랑하는 이유는 하나가 아닐까? 소중한 사람들과 함께하는 시간.

Champion Lakes

스탠리 파크

밴쿠버에서 가장 좋았던 순간을 뽑으라면 단연 스탠리 파크에서의 라이딩이다. 밴쿠버의 맑은 하늘, 선선한 공기, 좋아하는 음악을 들으며 도심 속 해변을 따라 공원을 한 바퀴 돌면 1시간 정도 소요된다. 자전거를 타면 아무런 생각 없이 그 순간을 즐기게 된다. 이때부터였을까. 나는 어느 나라를 가든 날씨가 좋으면 자전거를 대여할 수 있는 곳을 찾았고, 라이딩은 여행의 일부분이 되어 버렸다.

Stanley Park

Chloe

Have a great day
I have gone to
do a small job.
See you tonight

D

칭찬의 힘

어느 날 데니스가 해줄 말이 있다며 나를 불렀다.

"너는 참 아름다운 사람이야."

외모가 아름답다는 게 아니라 남을 배려하는 마음과 생각이 아름답다는 거야. 우리 집에 있는 모든 사람들이 너를 좋아하잖아. 너는 정말 똑똑하고 예쁜 사람이야. 살면서 한 번도 들어보지 못한 칭찬을 받은 그날, 나의 하루는 완벽했다. 칭찬의 힘인가? 집 앞을 나서는 순간 내가 굉장히 괜찮은 사람이 된 것 같아 자신감이 넘치는 하루를 보냈다. 나는 이날 칭찬의 힘을 알아 버렸다. 뭐든 할 수 있게 만드는 힘.

Home Stay House

어학연수를 마치며…

캐나다에서 3개월 동안 어학연수를 하면서 데니스, 마리코와 정이 많이 들었다. 우리 가족이 아닌 다른 가족들과 지낸다는 게 불편하기만 할 줄 알았는데 그들은 나에게 많은 것을 배우게 해주었다. 어학 공부보다는 그들과 함께한 시간이 나에겐 잊지 못할 추억이 되지 않을까…. 우리 꼭 다시 만나요, 데니스, 마리코!

Vancouver, Canada

BC, 빅토리아

영국 빅토리아 여왕의 이름을 딴 도시답게 빅토리아는 영국적인 분위기와 전통으로 가득 차 있었다. 나는 친구와 빅토리아의 영국식 문화를 즐기기 위해 100년의 전통과 역사를 가진 페어몬트 엠프레스 호텔 라운지에서 애프터눈 티를 즐기며 빅토리아 여행을 시작했다.

Fairmont Empress Hotel, Victoria

쉼표 여행

우리는 특별히 어디를 가지 않고 호텔에서 머물며 시간을 보냈다. 호텔에서의 식사, 산책, 야경을 감상하며 충분히 행복했던 빅토리아에서의 하루. 마치 그날은 내가 빅토리아를 방문한 영국 귀족이 된 것처럼 여유롭게 호텔 서비스를 즐겼다. 잠시나마 일상에서 벗어나 자유를 느끼고 싶다면 여행지에서 작은 역할놀이가 힐링이 될 수도 있다.

Victoria, Canada

자유

아무것도 하지 않았을 때 느끼는 자유,
무엇을 하게 됨으로써 느끼는 자유.

Victoria, Canada

U.S.A

미국

arrive 뉴욕

나에겐 두 번째 미국. 9·11 테러 이후 출입국 심사가 엄격해진 탓인지 미국의 입국 심사는 까다롭기로 유명하다. 그런데 이게 무슨 일? 2018년 샌프란시스코 입국 심사 때와는 분위기가 많이 달라졌다는 걸 느낄 수 있었다. 항상 굳은 표정으로 입국 심사를 진행했던 그들이 내 여권을 확인하더니 웃으며 인사를 한다. 이유는 BTS. 한국의 음악을 좋아하며 BTS 팬이었던 그는 나에게 한없이 친절했다. 여행을 하면서 다시 한번 느끼게 된 K-pop의 힘.

Manhattan, New York

서브웨이

　뉴욕 지하철은 정말 복잡하며 오래되고 낡은 것들이 많지만 나름대로의 멋이 있다. 특히 서브웨이는 화려함 속에 가려진 뉴욕의 진짜 모습을 느낄 수 있는 곳이다. 나는 뉴욕의 다른 모습을 보고 싶어 지하철을 타고 맨해튼의 반대편으로 향했다. 그곳에는, 백인보다는 흑인들이 많이 있었고, 매우 조용했다. 맨해튼만 가도 화려하고 멋있는 사람들이 많은데 이곳은 같은 뉴욕이 맞나 싶을 정도였다. 그리고 나는 밤이 더 아름다운 뉴욕, 맨해튼으로 향했다. 뉴욕의 이중성, 삶이 이렇지 않을까? 화려한 모습 뒤에 숨겨진 나의 진짜 모습, 누군가에게 잘 보이려는 삶이 아닌 내가 원하는 삶을 살고 싶다. 그게 화려한 맨해튼이 아닌 뉴욕의 빈민가일지라도….

New York, U.S.A

브로드웨이

    누군가 뉴욕을 여행한다고 하면 나는 이것만은 꼭 권하고 싶다. 브로드웨이에서 뮤지컬 보기. 다양한 뮤지컬 공연이 있지만 그중에서도 이해하기 쉬운 '라이언킹'을 선택했다. 공연이 시작되고, 나는 단 1초도 눈을 뗄 수가 없었다. 연출, 음악, 연기 모든 게 완벽했다. 이 정도 퀄리티의 공연이라면 2배의 가격이라고 해도 그 금액을 지불할 가치가 있다고 생각이 들 만큼 황홀했다. 단지 아쉬웠던 건 공연에 대해 함께 이야기할 친구가 없었다는 점, 숙소로 돌아가 서로 느낀 것들을 밤새 이야기하다 잠이 든다면 더 완벽한 하루가 되지 않을까?

The Lion King, Broadway

브루클린, 그날 밤 무슨 일이···

　뉴욕 여행 4일 차. 무슨 자신감인지 안전하다고 느낀 나는 조금씩 귀가 시간을 늦추고 있었다. 여자 혼자 밤 10시에 지하철을 타고 귀가하는 것은 너무나도 위험한 일이었다. 브루클린 역에서 내려 호스텔로 향하는데, 낯선 남자가 내 뒤를 따라온다는 것을 느꼈다. 그는 한 손을 코트 안쪽 주머니에 넣고 나를 바짝 따라붙었다. 온몸이 떨려 아무것도 하지 못한 채 계속 앞으로 걸었다. 그러다 어느 순간, 지금 아니면 기회가 없다는 생각에 차가 다니는 브루클린 도로에 뛰어들었다. 무단횡단을 한 것이다. 나는 빠르게 앞에 있는 호텔로 들어갔다. 그제야 나는 고개를 돌릴 수 있었고, 그는 나와 눈이 마주치자 사라졌다. 만약 내가 무단횡단을 하지 않고 계속 앞으로 걸었다면 나에게 무슨 일이 생겼을까? 잊지 말자! 여행에서 가장 중요한 것은 안전이라는 것을···.

Brooklyn Bridge

엠파이어 스테이트 빌딩을 보기 위해 탑오브더락으로 향했다. 수많은 사람들이 뉴욕의 멋진 야경을 보기 위해 모두 모였다. 지금 이곳에 있는 사람들은 어떤 시선으로 엠파이어 빌딩을 바라볼까? 내가 아닌 다른 사람들의 시선이 궁금했다. 여행으로 뉴욕을 찾은 사람도 있겠지만 꿈을 향해 뉴욕을 찾은 사람도 있겠지? 뉴욕에서 엠파이어 빌딩을 바라보며 꾸는 꿈은 굉장히 멋진 꿈일 것 같다는 생각이 들었다. 더 큰 세상을 바라보며 나도 멋진 사람이 되겠다고 다짐하게 된 뉴욕에서의 마지막 밤.

Top of the Rock

뉴욕 야경

마이애미 비치

남미 여행을 시작하기 전에 휴양지에서 쉬고 싶어 뉴욕에서 마이애미로 가는 티켓을 발권했다. 플로리다 반도 끝에 위치한 마이애미는 미국 최고의 휴양도시 중 하나로 1년 내내 온화한 날씨에 드넓게 펼쳐진 백사장이 이국적인 풍경을 자아낸다. 나는 마이애미 비치에 누워 아무것도 하지 않아도 되는 여행을 시작했다.

Miami, Florida

삶의 우선순위

　호스텔에서 만난 브라질 친구 혜넌. 나와 동갑인 그와 마이애미 근교인 키웨스트 여행에 함께하게 되었다. 우리는 키웨스트로 향하는 동안 차 안에서 많은 이야기를 했다. 우리의 대화 주제는 '돈'이었다. 그는 그동안 삶의 우선순위를 돈으로 생각하고 있어 행복하지 않았다며 죽으면 우리가 가져갈 수 있는 것들에 대해 이야기하기 시작했다. 우리의 대화 주제는 무거웠지만 어쩌면 지금 우리 나이에 누구나 고민하고 있는 것들이었다. 삶의 우선순위를 무엇으로 정하느냐에 따라 삶의 질이 달라진다는 걸 잊지 말자.

Key West

The wealth I have won in my life I cannot bring with me.

내 인생을 통해 얻은 부를 나는 가져갈 수 없다.

What I can bring is only the memories precipitated by love.

내가 가져갈 수 있는 것은 사랑이 넘쳐나는 기억들뿐이다.

That's the true riches which will follow you, accompany you, giving you strength and light to go on.

그 기억들이야 말로 너를 따라다니고, 너와 함께하고, 지속할 힘과 빛을 주는 진정한 부이다.

Love can travel a thousand miles. Life has no limit. Go where you want to go. Reach the height you want to reach. It is all in your heart and in your hands.

사랑은 수천 마일을 넘어설 수 있다. 생에 한계는 없다. 가고 싶은 곳을 가라.
성취하고 싶은 높이를 성취해라. 이 모든 것이 너의 심장과 손에 달려있다.

Material things lost can be found. But there is one thing that can never be found when it is lost – "Life".

잃어버린 물질적인 것들은 다시 찾을 수 있다. 하지만 "인생"은 한번 잃어버리면 절대 되찾을 수 없는 유일한 것이다.

Whichever stage in life we are at right now, with time, we will face the day when the curtain comes down.

우리가 현재 삶의 어느 순간에 있던 결국 시간이 지나면 우리는 삶이란

극의 커튼이 내려오는 순간을 맞이할 것이다.

Treasure love for your family, love for your spouse, love for your friends…

가족간의 사랑을 소중히하라. 배우자를 사랑하라. 친구들을 사랑하라.

Treat yourself well. Cherish others

너 자신에게 잘 대해 줘라. 타인에게 잘 대해 줘라.

–Steve Jobs, 'Last word'–

시애틀

미국 북서부 지역에 위치한 시애틀. 시애틀 하면 가장 먼저 떠오르는 건 영화 '시애틀의 잠 못 이루는 밤'이 아닐까? 여행을 떠나기 전에 여행지와 관련된 영화를 보고 오는 것은 여행을 좀 더 깊이 즐길 수 있는 방법 중 하나이다. 영화에 나왔던 곳을 직접 눈으로 보고 발로 느끼면 영화 속에 들어온 듯한 느낌을 받기 때문에 더욱 특별한 여행이 된다. 영화 속 주인공처럼 시애틀에서 하루를.

Seattle, USA

스타벅스 1호점

전 세계 사람들이 열광하는 스타벅스. 스타벅스의 1호점은 시애틀 파이크 플레이스 마켓에 위치한 작은 커피전문점이었다. 1971년에 개장하여 오랜 역사를 지니고 있는 곳, 아침부터 많은 관광객들이 스타벅스 매장을 방문하기 위해 줄을 서 있다. 나도 기대를 가득 안고 북적이는 사람들 사이에 합류해 매장에 들어갈 수 있게 되었다. 이렇게 작은 매장이 어떻게 전 세계 사람들의 사랑을 받는 브랜드로 성장할 수 있었을까? '들어가는 입구부터 마케팅'이라는 스타벅스 매장의 인테리어, 음악, 향기, 직원들의 애티튜드…. 전 세계 사람들이 스타벅스에 열광하는 이유가 커피 맛 때문이 아니란 걸 알 수 있었다. 커피가 아닌 문화를 판다는 스타벅스, 국가별 특징을 잘 살린 컨셉스토어와 시그니처 메뉴가 있는 스타벅스를 가는 것도 여행에서 빼놓을 수 없는 즐거움이다.

The 1st Starbucks (1st & Pike-Seattle)

disgusting 껌벽

'세계에서 가장 역겨운 관광지'라는 타이틀을 얻게 된 시애틀 껌벽. 충격적인 비주얼에 비해 향기는 매우 좋다. 어린 시절 자주 씹던 풍선껌의 향기가 골목을 가득 채웠다. 많은 관광객들이 오늘도 질겅질겅 껌을 씹어 껌벽에 그들만의 추억을 남긴다. 여행을 할 때 무언가를 남기고 오는 것이 더 의미가 있을 때가 있지만 이건 아니잖아? 어서 빨리 샤워가 하고 싶은 디스거스팅한 날.

*disgusting : 역겨운, 구역질나는

Gum Wall

노란 체리

    시애틀의 명물 시장 파이크 플레이스 마켓, 나는 마켓을 한 바퀴 돌다 노란 체리를 발견했다. 1.5달러를 주고 구입한 체리 한 통, 오 마이 갓! 이건 세상에서 가장 맛있는 체리가 아닐까? 시애틀 가면 노란 체리를 먹어야 한다고 왜 아무도 말 안 해줬어?! 그렇게 한 통을 다 먹었다. 사실 지금도 시애틀 여행을 떠올리면 가장 먼저 생각나는 건 노란 체리, 시애틀 여행에서 노란 체리를 빼면 안 된다고….

Pike Place Public Market

02
남아메리카

Cuba

쿠바

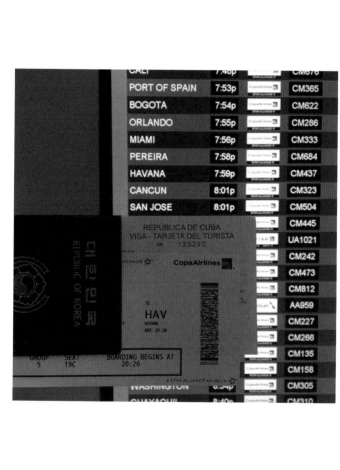

CALI   7:48p   CM676
PORT OF SPAIN   7:53p   CM365
BOGOTA   7:54p   CM622
ORLANDO   7:55p   CM286
MIAMI   7:56p   CM333
PEREIRA   7:58p   CM684
HAVANA   7:59p   CM437
CANCUN   8:01p   CM323
SAN JOSE   8:01p   CM504

REPÚBLICA DE CUBA
VISA - TARJETA DEL TURISTA
AK   125290

CopaAirlines

REPUBLIC OF KOREA

CM445
UA1021
CM242
CM473
CM812
AA959
CM227
CM266
CM135
CM158
CM305

TO
HAV
HAVANA
ABX 01:00

GROUP   SEAT   BOARDING BEGINS AT
5   19C   20:26

A STAR ALLIANCE MEMBER

WASHINGTON   8:34p
GUAYAQUIL   8:40p   CM310

애증의 쿠바

나에게 쿠바는 꿈같은 여행지였다. 중남미 국가 중 한 곳만 여행할 수 있다면 나는 단연 쿠바를 선택했을 것이다. 얼마나 매력적인 나라인가. 헤밍웨이, 노인과 바다, 모히토, 체 게바라, 그리고 사회주의 국가 쿠바. 헤밍웨이의 발자취를 걷는 것만으로도 내겐 이미 너무 설레는 여행이었다. 이 모든 게 쿠바를 경험하기 전까지의 생각이다. 당연했던 것들이 이곳에 오면 어려워지는 이상하고도 매력적인 애증의 쿠바.

Panama Airport

공항

    마이애미에서 파나마를 경유해 쿠바의 수도 아바나에 도착했다. 쿠바의 공항은 작고 협소하며 마치 오래된 버스터미널 같은 느낌을 주었다. 쿠바 공항의 촌스러운 바이브가 나를 설레게 한다. 나는 이미 쿠바를 즐길 준비가 되어 있다며, 당당하게 입국 심사를 끝내고 수화물을 기다리는데, 1시간 2시간이 지나도 수화물이 나오지 않는다. 내가 탔던 항공편의 모든 수화물이 나오지 않았다. 비행기에서 옆좌석에 앉았던 미국인 부부는 '이게 쿠바'라며 걱정하지 말라고 내게 말했다. 이게 쿠바라고? 쉽지 않은 여행이 될 것이라는 예감은 틀리지 않았다.

Jose Marti International Airport

가난한 나라의 밤은 어둡다

새벽 2시, 택시를 타고 호스텔로 향하는 길. 아바나의 밤은 어두웠다. 낯선 땅 낯선 곳, 택시가 목적지로 제대로 가는 게 맞는지 무섭기도 했지만 친절한 쿠바노 아저씨 덕분에 나는 편안한 마음으로 숙소에 도착할 수 있었다. 제대로 된 가로등 하나 없는 아바나를 보면서 '모두가 평등하게 가난한 삶은 어떨까?'라는 생각이 들었다. 가난하지만 행복할까? 모두 남들과 비교하지 않아도 되는 삶을 살고 있을까? …. 물음표를 수없이 던지게 되는 아바나의 어두운 밤.

Havana, Cuba

호스텔

나라마다 호스텔이 주는 느낌이 다르다. 각국의 다양한 친구들이 모여 여행을 하며 지내는 곳. 이곳에서는 새로운 인연, 친구를 만날 수 있다. 내가 까사가 아닌 호스텔을 선택한 이유도 다른 나라의 친구를 사귀기 위해서이다. 주로 아침을 먹으며 첫인사를 나누고 오늘 일정이 어떻게 되는지 이야기를 하다 같은 곳을 가거나 일정이 없는 친구들과 함께하게 된다. 나는 아바나에서 영국·오스트리아·독일·미국·호주·중국 등 다양한 국가의 친구들을 사귀게 되었고, 그들과 함께하는 쿠바 아바나에서의 여행은 느리지만 제대로 즐길 수 있었다.

Cuba Hostel

그들의 여행법

내 주변 친구들을 보면 여행을 떠나기 전 계획을 세우다 포기하는 경우가 많이 있다. 일어나지도 않은 일들을 미리 걱정하며 즐거운 여행 준비가 부담으로 다가올 때 여행을 포기하게 된다. 나 또한 그런 경험이 있다. 그런데 호스텔에서 만난 유럽 친구들은 아무런 계획 없이 쿠바에 왔다. 그들은 방학이나 홀리데이 시즌 때 장기 여행을 하며 한 국가를 천천히 여행하는 것을 선호한다. 편한 호텔이 아닌 호스텔에서 머무는 이유도 여행에 대한 정보를 얻고 친구를 사귀기 위해서라고 말했다. 그렇다고 그들의 여행에 특별한 것은 없었다. 다만 우리와는 여행을 즐기는 법이 조금 다를 뿐이다. 패턴을 보면 이렇다. 아침에 일찍 일어나 조식을 먹고 해가 뜨거운 시간에는 호스텔에서 낮잠을 자거나 책을 읽으며 자기만의 시간을 가진다. 저녁이 되면 다 같이 식사를 하고 밤을 즐길 준비를 한다. 나이트라이프를 즐기기 위해 클럽으로 향하는 것이다. 그렇게 마음 맞는 친구들과 멤버가 정해지면 그들과 근교 여행을 다녀오기도 한다. 다녀와서는 여행이 어땠는지 무엇을 꼭 해야 하는지 서로 공유하고 또 다른 친구들은 정보를 얻는다. 천천히 자기만의 여행을 그려 가는 그들의 여행, 때로는 정해진 스케줄대로 여행을 하는 것보다는 채워 가는 방식의 여행을 하는 것도 매력적인 여행이 되지 않을까 싶다.

아날로그 라이프

외교 관계가 단절된 사회주의 국가 쿠바에서는 모든 게 쉽지가 않다. 그 흔한 맥도날드, 스타벅스도 볼 수 없고 생필품은 구하기 힘들며 아직까지 카페에서는 분말로 우유, 주스를 만든다. 가장 두려웠던 건 자유롭지 못한 인터넷 사용. 인터넷을 사용하려면 와이파이 카드를 구입해야 한다. 그 마저도 특정한 곳에서만 이용이 가능해 구글 맵 사용이 힘들다. 그러므로 쿠바를 백 프로 즐기려면 아날로그 라이프를 받아들여야 한다. 그동안 다른 여행지에서 꺼내지 않았던 오프라인 지도를 보며 아바나에서 수없이 길을 잃고 헤맸다. 하지만 그 순간 내가 아무 생각 없이 지나쳤을 법한 아바나의 일상적인 모습을 볼 수 있었고, 어느새 나는 쿠바에 빠져 있었다.

Wi-Fi Zone, Malecon

올드카

카피 톨리오 주변에는 화려한 색상의 올드카가 항시 대기하고 있다. 쿠바의 상징 올드카! '올드카 투어'는 쿠바에서 빼놓을 수 없는 투어 중 하나가 되어버렸다. 우리는 가장 인상적이었던 핑크 컬러의 올드카를 골랐다. 출발과 동시에 차 안에 울려 퍼지는 라틴음악 그리고 바람…. 내가 쿠바에 있다는 걸 다시 한번 느끼게 해준 짧지만 강렬한 순간이었다. 그렇게 시티투어를 끝내고 비용을 지불하려는데 운전을 도와줬던 쿠바노가 1인당 60cuc라며 말을 바꾸기 시작했다. 그는 금액을 더 지불하도록 강요했다. 말을 들으려고 하지도 않는 쿠바노의 태도에 화가났고 나는 마지막으로 쿠바노에게 다가가 눈을 마주치며 말했다. "Look at me!" 네가 우리에게 처음 제시한 가격은 2인 60cuc이야. 인정하지 않으면 경찰을 부를게. 그제서야 쿠바노는 고개를 돌렸고 차를 타고 사라졌다. 쿠바에서는 가격 흥정 후 선지불이 우선이라는 걸 잊지 말자. 언제 그들이 말을 바꿀지 모르기 때문에….

Plaza De La Revolucion

모히토

헤밍웨이가 사랑한 나라 쿠바. 나는 헤밍웨이의 발자취를 따라 평소 그가 즐겨갔던 아바나의 '라 플로리디타'에 왔다. 바 왼편에는 헤밍웨이 동상이 자리 잡고 있었고, 쿠바 아티스트들의 작은 공연이 펼쳐지고 있었다.

'이곳이 헤밍웨이 단골 술집이라고?'

그의 발자취를 걷는 것만 해도 설레었다. 먼저 헤밍웨이가 즐겨 마시던 다이끼리를 마시고 모히토를 추가로 주문했다. 모히토를 한 입 마시고 이게 진짜라는 생각이 들었다. 많은 나라에서 모히토를 먹어봤지만 단연 최고는 쿠바였다. 달콤하면서 깔끔한 향, 이게 술이라면 나는 매일 취하고 싶다는 생각이 들었다. 헤밍웨이가 쿠바를 사랑하게 된 이유가 맛있는 술 때문은 아니었을까?

*daiquiri : 레몬 즙, 럼주 및 설탕으로 만든 칵테일

Floridita

Don't worry, 우린 이탈리안 사람이야

아바나에서 머무는 동안 맛있는 음식을 찾기란 힘들었다. 그 흔한 샐러드의 야채마저 신선하지 않아 배를 채운다는 느낌으로 식사를 했다. 그러던 어느 날 우연히 찾게 된 작은 이탈리안 레스토랑. 이탈리아 부부가 운영하고 있는 식당이었다. 나는 감자 요리를 주문했고 자연스럽게 그들과 이야기를 하게 되었다. 부인과 나의 첫 대화는 음식 이야기였다.

"아바나에 며칠 동안 머무니?"
"일주일."
"아바나 여행은 즐겁니?"
"좋지만 힘든 것도 많아. 특히 음식이 너무 끔찍해."

그러자 부인은 내 말에 공감한 듯 크게 웃었다. "사실 우리도 쿠바를 여행할 때 음식 때문에 힘들었어. 그래서 '우리가 이곳에서 식당을 해보는 건 어떨까.' 이야기를 하다 정말 가게를 열게 됐지 뭐야? 오늘은 걱정 마. 우린 이탈리안 사람이야. 음식이 맛없을 수가 없어!" 그렇게 우리는 한바탕 크게 웃으며 즐거운 대화를 이어 나갔다. 감자 요리는 정말 맛이 있었고, 부인과의 대화마저 즐거웠다. 식사를 마치고 계산을 하는데 부인은 나에게 즐거웠다며 요리와 함께 주문했던 음료를 서비스로 주었다. 나는 오히려 팁을 주고 싶었지만 부인은 끝내 내 돈을 받지 않았다. 쿠바에 와서 외국인을 돈으로만 바라보는 쿠바노들에게 지쳐 있던 상태에서 부인의 작은 호의가 차가웠던 내 마음을 따뜻하게 해주는 순간이었다.

Club, 209

　호스텔 근처 골목에서 엄청난 로컬 클럽을 찾았다며 칼은 호스텔 친구들에게 오늘 밤 파티에 초대했다. 우리는 8명 정도 모여 호스텔에서 간단하게 럼을 마신 후 클럽으로 향했다. 간판 없이 새빨간 불빛 하나 있는 클럽으로 들어갔고 그 곳은 내가 본 클럽 중 세상에서 가장 섹시한 클럽이었다. 완성되지 않은 듯한 공간에 빨간 조명 몇 개가 전부인 곳, 정말 작고 협소하지만 클럽을 뜨거운 열기로 가득 채운 건 인테리어도 음악도 아닌 사람이었다. 강렬한 라틴음악이 흐르고 쿠바노 들은 몸을 음악에 맡긴다. 정말 눈을 뗄 수 없을 정도로 인상적이었다. 춤사위가 이렇게 섹시할 수가 있을까? 한 남성 쿠바노는 천장에 매달려 트월킹을 하고 있었고 파마 머리를 한 여성 쿠바노는 봉에 매달려 춤을 췄다. 그렇게 한참을 쿠바노들의 몸짓에 빠져들어 있는 순간 내 보조 가방에 있던 핸드폰, 지갑, 선글라스를 도난당했다. 뒤를 돌았을 때는 이미 늦었었다. 나는 물건을 잘 챙기지 못한 나를 자책하며 숙소로 돌아와 노트북 전원을 켜고 생각에 잠겼다. 몇 분 후 호스텔 친구들이 모두 돌아왔다. 어떻게 된 거냐며 자기 일인 듯 안타까워하더니 그들은 가지고 있는 달러, 와이파이 카드를 내게 주며 나를 위로했다. 나는 애써 참고 있던 눈물이 터졌고, 그렇게 아바나에서 마지막 밤을 보냈다.

트리니다드의 인연들

아바나에서 핸드폰과 지갑을 잃어버리고 다음 날 트리니다드로 향했다. 일단 오긴 왔는데 당장 달러가 부족한 상황이었다. 공원에 앉아 한참 고민을 하고 있는데 우연히 한국인을 만나게 돼 나는 고민 끝에 말을 걸었다. 아바나에서 있었던 일들을 이야기했고, 그는 말없이 내 이야기를 들어주었다. 그는 다른 한국 친구들이 있는 카페에 가려는데 같이 가보겠냐며 그곳에 초대해 주었다. 그렇게 나는 카페로 향했고 카페에는 3명의 친구들이 있었다. 그들은 '우노'라는 보드게임을 하고 있었다. 나는 왜 여기에? 당장 달러는 어떻게 해야 할지…. 많은 생각이 들어 그들에게 집중할 수 없었다. 게임이 끝난 후 은선이가 아이스크림을 주문했고 나에게 먹어보라며 주었다. 달콤한 아이스크림 한 입은 복잡했던 나의 마음을 녹여 주었다. 나는 아바나에서 도난당한 이야기를 하면서 상황을 설명했고, 은선이는 자신의 계좌로 돈을 이체해주면 달러를 인출해 주겠다며 해결방안을 찾아줬다. 그렇게 나는 한국에 있는 동생에게 부탁하여 내 통장에 있는 돈을 은선이 계좌로 이체해주고 달러를 받았다. 이 상황에서 한국 친구들을 만나게 돼 문제를 해결할 수 있게 된 것도 어쩌면 이미 정해진 일이며 인연이 있어서 만나게 된 게 아닐까? 낯선 곳에서 만난 소중한 인연들.

Trinidad, Cuba

앙꼰 해변

    카페에서 만난 한국 친구들과 일몰 시간에 맞춰 앙꼰 비치로 향했다. 이 날 나는 한국 친구들과 다니면서 그 어느 날보다 많이 웃고 이야기했다. 그렇게 우리는 트럭을 타고 앙꼰 비치에 도착하여 일몰을 감상했다. 저마다 다른 이유를 가지고 여행을 다니고 있는 친구들, 세계 여행 중인 관우, 휴학을 하고 남미 여행을 오게 된 은선이, 그리고 관우의 일본인 친구 무쯔미, 다니던 회사를 그만두고 의사가 되기 위해 공부 중인 종욱 오빠, 캐나다에서 어학연수 중인 규리, 그렇게 각자 다른 이유를 가지고 우리는 쿠바 트리니다드에서 만났다.

Playa Ancon

올 인클루시브

쿠바에서 처음으로 호텔에 머물게 되었다. 합리적인 가격으로 올 인클루시브를 즐길 수 있는 전 세계에서 유일한 곳, 숙박비를 지불하면 호텔의 모든 서비스를 무료로 이용할 수 있다. 음식, 술, 프라이빗 비치 이 모든 것을 이용하는 데 1박에 5만 원 정도면 충분하다. 물론 5성급 호텔의 서비스 수준은 아니지만, 쿠바에서만 즐길 수 있는 가성비 좋은 올 인크루시브가 아닐까 싶다. 칸쿤, 몰디브 해변과 비교해도 절대 밀리지 않는 바라데로 비치. 카브리 해에서 따뜻한 햇살을 맞으며 자는 낮잠은 행복 그 자체였다. 신선놀음이 있다면 지금 이 순간이 아닐까?

*all-inclusive : 숙박비,식사비 모두 포함된 가격

Varadero, Cuba

비아술

    다시 아바나로 가기 위해 처음으로 비아술 버스를 탔다. 주로 도시를 이동할 때 안전한 콜렉티보를 이용했었는데 이번에는 비아술 버스를 이용해 바라데로에서 아바나까지 가기로 결정했다. 한참을 가다 옆좌석에 앉은 이태리 친구와 인사를 하게 되었다. 우리는 아바나에 도착하는 동안 끊임없이 대화를 했다. 여기서 중요한 포인트는 그는 영어도 스페인어도 할 줄 모르는 이태리 남자였다. 우리가 짧은 시간에 친해질 수 있었던 이유는 아마도 웃음이 많은 사람이었기 때문은 아니었을까? 이상한 구글번역에 우리는 호탕하게 웃었고, 이해가 되지 않아도 웃었다. 바보 같지만 그와의 대화는 즐거웠다. 좋은 사람, 좋은 에너지를 받으며 그렇게 아바나에 도착했고, 버스에 내려 작별 인사를 했다. 내가 그에 대해 아는 건 피리쁘라는 이름 하나. 피리쁘, 만나서 반가웠어.

*viazul bus : 쿠바 고속버스

Varadero, Cuba

굿바이, 쿠바

나는 쿠바에서 멕시코 칸쿤으로 향하기 위해 아바나 공항으로 왔다. 역시나 돌아가는 것도 쉽지 않은 쿠바. 4시간 전에 도착해 티켓팅을 하는 데 3시간이 걸렸다. 그래 여긴 쿠바, 나에게도 드디어 여유가 생겼다. 애증의 쿠바, 다시 올 수 있을까? 2주 동안 쿠바에서 있었던 일들이 파라노마처럼 스쳐 지나갔다.

'지금의 쿠바를 사랑하자. 나중에는 쿠바의 진짜 모습을 볼 수 없을지도 모르니까.'

그렇게 비행기를 기다리며 쿠바 여행을 마무리하는데 보딩 안내를 종이에 수기로 하는 모습을 보며 다시 한번 생각했다. 쿠바를 떠나기 전까지는 긴장을 늦추지 말자.

Havana, Cuba

Mexico

멕시코

welcome to, 멕시코

멕시코 공항에 도착한 순간, 드디어 쿠바를 탈출했다는 느낌을 받았다. 자유를 얻은 기분이랄까? 10인승 승합차를 타고 호스텔로 향하는 동안 창문을 보며 설렘을 감출 수 없었다. 길거리에 있는 스타벅스, 맥도날드, 버거킹, H&M 등 익숙한 간판들이 나를 설레게 했다. 어디부터 갈까? 뭘 먹지? 행복한 고민에 빠졌다. 나에게 늘 익숙했던 것들이 새롭게 다가왔고 나는 외쳤다. 자본주의 최고!

Cancun Airport

죽으려고 떠난, 세계 여행

"한국 분이신가 봐요?"

"네? 네…."

"여자 혼자 멕시코를 여행하고 있다니 대단하네요!"

"아. 감사합니다."

호스텔 루프탑에서 식사를 주문하는데, 동양인으로 보이는 아저씨가 내게 말을 걸었다. 그는 내게 불편하게 다가왔고 피하고 싶었다. 하지만 그는 나의 불편함이 느껴지지 않았는지 계속 말을 걸어왔다. 그리고 그는 자신의 이야기를 하기 시작했다. 젊은 시절 오직 육로로 이동하며 세계 여행을 했었던 그는 실연의 아픔 때문에 죽기로 결심하고 한국을 떠났다고 한다. 최종 목표는 아프리카에서 자살. 그런데 아프리카로 넘어가기 전 스페인에서 배낭을 도난당했고 그에게 남은 건 여권과 편도 항공권을 구입할 수 있을 정도의 달러였다고 한다. 그는 그때 배낭을 잃어버리고 살라는 신호를 받은 것 같아 여행을 중단하고 한국으로 돌아갔다. 그렇게 그는 아직도 여행을 다니면서 살고 있다. 어쩌면 그의 극단적인 선택이 여행이었기 때문에 지금의 그를 있게 해준 게 아닐까? 여행의 힘은 내가 생각하고 있는 것보다 클 수도 있겠다.

Cancun, Mexico

마야 문명, 그곳에서 만난 친구들

"어느 나라 사람이니?"

"한국."

"나 한국 좋아해! 내가 가장 좋아하는 가수 이름이 다크 핑크! 너도 알지?"

"응…? 아, 블랙핑크?"

다크 핑크면 어때 이해했으면 된 거지…. 우리는 웃음을 멈출 수가 없었다. 옆에서 우리의 대화를 들었던 다른 친구들도 웃음을 터뜨렸다. 그렇게 치첸이트사에서 중국, 스위스, 파키스탄, 인도 친구들을 만나게 되어 함께 다니기 시작했다.

Chichen Itza

코코봉고 클럽

칸쿤의 마지막 밤, 친구들과 함께 칸쿤에서 가장 유명한 클럽 코코봉고를 가기 위해 택시를 타고 시내로 나왔다. 코코봉고 클럽에 대해서는 너무 많이 들어 정말 궁금했다. 남녀가 만나기 위한 클럽이 아닌 쇼를 보기 위해 모이는 클럽이라? 오프닝 무대부터 엄청난 스케일의 무대였다. 쇼는 시작됐고, 사람들은 열광했다. 처음부터 끝까지 계속되는 공연에 클럽 안에 있는 내내 즐거웠다. 한국에도 이런 클럽이 있다면 얼마나 즐거울까? 제대로 놀 줄 아는 사람들이 이런 베뉴를 많이 만들어 줬으면 좋겠다.

Coco Bongo Club

ADO

고속버스를 타고 툴룸으로 향하기 위해 ADO 터미널로 왔다. 멕시코 전역에 있는 도시와 도시 간의 이동이 가능하기 때문에 멕시코를 여행하는 많은 사람들이 ADO를 이용한다. 티켓을 구입하고 버스를 기다리는 동안 나는 너무 설레었다. 이번 툴룸 여행은 쿠바에서 함께한 관우, 은선이를 다시 만나게 되는 곳이기 때문이다. 그들은 내가 쿠바에 있을 때 멕시코로 넘어갔고 나를 툴룸으로 초대했다. 그렇게 나는 칸쿤에서, 그들은 플라야 델 카르멘에서 떠나 미리 예약해 둔 툴룸 호스텔 앞에서 우린 다시 만났다.

ADO bus Terminal

쿠바의 인연들

쿠바에서 만나 멕시코까지 함께하게 될 줄은 몰랐다. 하지만 다시 만나 반가웠고 우리의 인연을 이렇게 이어갈 수 있다는 게 감사했다. 그들이 떠난 후 나에게 많은 일들이 생긴 것처럼, 그들도 많은 에피소드가 생겼 겠지? 우리는 체크인 후 늦은 저녁을 먹으며 힘들었던 쿠바를 회상했다. 지금 멕시코에서 너무 행복하지 않냐며 툴룸에서 이야기의 꽃을 피우며 여행을 시작했다.

Tulum Hostel

캐리비안 해변

캐리비안 해변을 끼고 있는 유카탄 마야 유적지, 내가 본 에메랄드빛 바다 중에 가장 오묘한 느낌이었다. 그 이유는 유적지 안에 있어서가 아닐까? 이구아나들이 해변을 돌아다니는 모습을 보니 이상했다. 해적선이 바다의 향로를 잘못 설정해 외딴섬에 정착하게 된다면 이런 곳이 아닐까? 영화에서 볼 수 있을 법한 멕시코 툴룸의 캐리비안 해변. 도대체 멕시코의 매력은 어디까지일까?

Avenue, Tulum

비 오는 툴룸

유적지 투어를 끝내고 돌아오는 길에 비가 쏟아졌다. 우리는 입고 있던
겉옷을 우산 삼아 호스텔까지 뛰기 시작했다. 자전거 탄 풍경의 '너에게
난 나에게 넌'을 부르며 뛰어야 될 것 같은 분위기는 뭘까? 멕시코 툴룸에
서 한국 노래를 부르며 신나게 달린 우리, 비가 오면 어때? 걱정하지 말고
즐기자, 지금 이 순간을.

Tulum, Mexico

street food, 타코

멕시코에 와서 하루에 한 번은 꼭 타코를 먹었다. 저렴한 가격에 영양가도 있는 타코, 그중 길거리에서 먹는 타코가 가장 맛이 있었다. 우리는 밤이 되면 푸드트럭을 찾아 타코를 시키고 맥주를 마셨다. 무엇보다 좋았던 건, 좋은 사람들과 함께해서가 아닐까? 이젠 타코를 먹을 때마다 멕시코 아닌 그들이 생각나는 것처럼.

Tulum, Mexico

Peru

페루

마음이 울적한 리마

생각보다 날씨가 우리에게 미치는 영향은 상당히 크다. 1년 중 맑은 리마를 볼 수 있는 날은 53일 정도 된다고 한다. 내가 리마에 있는 동안에도 날씨는 흐렸다. 왠지 모를 울적한 내 마음이 날씨 때문은 아닐까? 만약 내가 페루에서 살게 된다 해도 리마는 힘들 것 같다. 그래서인지 낮보다는 밤이 더 아름답게 느껴지는 리마.

Lima, Peru

힐링 독 호스텔

리마에 머무는 일주일 동안 친구에게 추천을 받은 호스텔에서 머물기로 했다. 내 취향일 것이라는 친구의 말은 맞았다. 페루 느낌이 물씬 나는 분위기, 음악, 친절한 호스텔 직원들 덕분에 다음 여행을 준비하며 쉴 수 있었다. '힐링 독'이라는 호스텔의 상호처럼 호스텔에는 마스코트인 개가 있다. 이 친구를 만지면 마음의 병이 치유된다는 호스텔 직원의 말이 사실인지는 모르겠지만, 이곳에만 들어오면 힐링이 되는 것처럼 편한 마음을 갖게 되는 건 사실이었다.

Kalla the healing dog hoste

break fast

    이곳에서 나는 늦잠을 잔 적이 없다. 이유는 호스텔에서 제공되는 조식 때문이다. 간단한 빵, 요거트, 견과류, 차가 제공된다. 특별한 건 없지만 페루 감성 가득 담긴 그릇, 찻잔이 아침을 더욱 풍성하게 해주는 기분이다.

Kalla the healing dog hoste

사랑스러운 꼬마

호스텔에서 머물면서 친해진 사장님 아들, 꼬마는 내가 호스텔 라운지에서 노트북으로 작업을 하고 있으면 조심스럽게 다가와 게임을 하자며 말을 건다. 우린 그렇게 보드게임을 같이 하기 시작했고 어느새 친구가 되었다. 나는 꼬마와 게임을 하는 동안 매번 졌다. 꼬마의 사랑스러운 표정과 애교를 보면 도저히 이길 수가 없었다. 사랑을 많이 받고 자라면 이렇게 사랑스러워지나 보다.

Kalla the healing dog hoste

다국적 배낭여행

여행을 시작하기 전 사실 남미 여행은 하고 싶지 않았다. 여자 혼자 남미를 다닌다는 것이 얼마나 위험한 일인지 잘 알았기 때문이다. 그러다 다국적 배낭여행을 알게 되었고, 나는 페루, 볼리비아, 칠레를 다국적 배낭여행으로 다니기로 결심했다. 한 달 동안 다른 나라의 친구들과 같이 여행을 하면서 영어공부는 물론 여러 나라의 문화도 접할 수 있으니 일석이조가 아닐까 생각했다. 그렇게 나는 투칸트래블 여행사를 통해 다국적 배낭여행을 하게 되었고, 리마에서 쿠스코를 넘어가는 일정부터 그들과 함께하게 되었다.

Miraflores, Lima

쿠스코

　다국적 배낭여행의 시작은 쿠스코, 각국의 친구들이 모여 여행을 시작했다. 우리는 서로 다른 여권을 보며 신기해했다. 그중 가장 눈에 들어왔던 건 새빨간 스위스 여권이었다. 쨍한 레드 컬러가 내 마음에 들었다. 입국 수속을 마친 우리는 게이트 앞에 앉아 여권에 찍힌 도장을 보며 여행 이야기에 빠졌다. 그러다 보니 어느새 보딩 시간이 훌쩍 다가왔다. 앞으로의 시간이 더 기대되는 남미 여행, 나와 다른 국가의 친구들은 어떤 생각을 가지고 있을까. 그들의 시선을 멈추게 하는 여행은 어떤 여행일까? 오늘도 나는 물음표를 던지며 여행을 시작한다.

Jorge Chavez Airport

공중도시, 마추픽추

오늘 마추픽추의 이야기를 들려줄 현지 가이드와 함께 걸으며 시작된 투어. 시작과 동시에 비가 와 우리는 사전에 준비한 우비를 입고 아무것도 보이지 않는 산을 계속 걸었다. 이러다 안개만 보고 내려가야 하는 건 아닌지 걱정이 들 무렵 거짓말처럼 비가 멈췄다. 안개가 개고 숨겨져 있던 마추픽추가 보이기 시작했다. 산 정상이 이게 가능한 일이야? 공중도시 마추픽추의 장관을 하염없이 바라보며 보물을 발견한 기분이 들었다. 그간 책으로만 접하던 마추픽추를 보게 되다니! 이곳에 다녀간 한국인은 얼마나 될까? 나를 포함한 그들은 모두 행운아임에 틀림없다.

Machu Picchu Cusco, Peru

푸노

　페루 남부에 위치한 푸노, 갈대로 만든 인공섬 우로스에 가기 위해 작은 보트를 타고 출발했다. 이곳에는 페루의 원주민들이 상주하고 있었다. 신발도 신지 않고 맨발로 생활하는 원주민들을 바라보며 만약 나의 출생이 한국이 아닌 남미의 가난한 국가에서 태어났어도 그 생활에 만족하며 삶을 살아갔을까? 라는 생각이 들었다. 그들의 때 묻지 않은 순수함과 다정함에 나에게 물음표를 던지게 된 시간.

Puno, Peru

티티카카 호수

  하늘과 가장 가까운 호수, 맑은 하늘 아래의 티티카카 호수는 평화롭고 고요했다. 반대편 볼리비아에서 바라보는 티티카카 호수는 또 어떤 모습일까?

Lago Titicaca

Bolivia

볼리비아

볼리비아 수도, 라파스

　가난한 사람일수록 더 높은 곳에 살게 된다는 볼리비아의 수도 라파스, 세계에서 가장 높은 도시라는 말처럼 그들의 대중교통은 버스, 지하철이 아닌 케이블카이다. 살면서 케이블카를 이용한 경험은 높은 산을 올라갈 때 빼고는 없었던 것 같다. 하지만 이곳에서는 케이블카를 대중교통으로 이용하고 있었다. 몇 번의 환승을 통해 라파즈에서 가장 높은 곳에 올라왔다. 인상적인 전경 뒤에 숨겨진 라파즈의 슬픈 현실.

La Paz, Bolivia

우유니 사막

대부분의 여행자들이 볼리비아를 찾는 이유는 우유니 소금사막을 보기 위함일 것이다. 나 또한 가장 기대가 되는 일정 중 하나가 하늘에 비친 소금사막을 보는 것이었다. 더 멋진 소금사막을 보기 위해서는 우기에 볼리비아를 찾아야 한다. 우리는 우기가 아닌 10월에 볼리비아를 찾았고, 물이 고여 있는 소금사막을 찾는 건 힘들었다. 하지만 물이 없는 우유니의 소금사막 또한 아름다웠다. 온통 하얀 세상으로 뒤덮인 볼리비아 우유니 소금사막.

Salar de Uyuni, Bolivia

지붕 없는 집

공사장처럼 생긴 사막 호텔은 난방이 되지 않는다. 당연히 뜨거운 물도 나오지 않는다. 오늘따라 더 그리워지는 한국 그리고 우리 집, 그곳에서 누렸던 것들은 평범한 게 아닌 행복한 삶이었을지도 모른다. 사막에서 지내는 동안 제대로 씻을 수 없었고, 옷을 겹겹이 껴입고 추위에 떨며 잠이 들었다. 우리는 각자 있는 곳에서 럭셔리한 삶을 살고 있었어… 힘들지만 다시 한번 삶을 돌아보는 여행이 되고 있었다.

Uyuni, Bolivia

Chile

칠레

국경

볼리비아에서 칠레로 가기 위해 버스를 타고 육로로 국경을 넘었다. 우리가 도착한 곳은 따뜻한 기후의 산페드로데아타카마. 이곳은 사막 지역으로 낮에는 따뜻하지만 밤이 되면 쌀쌀해진다. 이름처럼 작고 예쁜 마을이었다. 따뜻한 햇살을 맞으며 도착한 아타카마, 날씨 때문일까? 벌써부터 기분이 좋아진다….

San Pedro de Atacama, Chile

소소한 여행

숙소에 도착해 짐을 풀고 샤워를 했다. 몇 주 만에 따뜻한 물로 하게 된 샤워! 그저 모든 게 감사할 뿐, 그동안 하지 못했던 빨래를 쇼핑백에 가득 채워 런드라이샵에 맡기고 가벼운 마음으로 숙소 근처에서 자전거를 빌렸다. 마을 한 바퀴를 돌며 기념품샵에서 쇼핑을 하고, 마음에 드는 레스토랑이 보이면 들어가 식사를 했다. 이렇게 쉬어가는 곳, 아마도 아타카마는 여행자의 쉼터가 아닐까 싶다. 물가는 사악하지만 하루 이틀 쉬어가기에는 틀림없이 좋은 곳이다.

*laundry shop : 세탁소

San Pedro de Atacama, Chile

달의 계곡

산페르도 아타카마의 하이라이트 달의 계곡 투어, 달의 표면과 가장 흡사하다는 아타카마 사막. 달이 있다면 이런 곳일까? 조용하고 아무것도 없는 달의 여행이 재미있을지 부드러운 사막의 모래를 만지며 생각에 잠겼다. 만약 우주여행이 가능한 날 이 온다면 어디부터 갈 수 있을까?

Valle De La Luna

대규모 시위

  칠레의 수도 산티아고의 첫인상은 매우 강렬했다. 대규모 시위로 인해 모든 도로가 막혀 택시에서 내려 짐을 들고 걸어서 숙소로 향했다. 숙소로 가는 길은 매우 험난했다. 최루탄 연기로 가득 찬 산티아고 도시는 회색빛으로 물들어 있었고, 사람들은 화가 나 있었다. 눈물, 콧물을 흘리며 수건으로 얼굴을 가린 채 숙소에 도착했다. 우리는 숙소에서 결단을 내려야 했다. 산티아고 여행을 중단하고 떠나는 것을….

Santiago, Chile

공항 탈출

오랜 회의 끝에 결국 우리는 산티아고 여행을 중단하고 떠나기로 했다. 그다음 날, 비행기 시간 상관없이 산티아고 도시를 빠져나가기 위해 아침 일찍 택시를 탔다. 운이 좋아 무사히 공항까지 올 수 있었고, 남미 여행을 함께한 페루 대장님, 스위스, 영국, 미국, 홍콩 친구들과 작별 인사를 하게 되었다. 이렇게 갑작스럽게 작별 인사를 하게 될 줄이야⋯. 함께 여행을 하면서 웃고 떠들 수 있어서 좋았던 한 달의 시간, 서로 포옹을 하며 마지막 인사 끝에 헤어졌다. 그렇게 나는 다시 혼자 떠나게 되었다.

Santiago, Chile

03
오세아니아

Australia

호주

시드니, 오페라 하우스

 햇살 가득한 시드니의 점심, 하버 브리지 맞은편 오페라 하우스 근처에
는 많은 카페, 레스토랑이 있다. 햇살을 맞으며 친구들과 여유로운 시간을
보내고 있는 사람들. 내 마음이 다 편해지는 이유는 뭘까? 나도 그 사이에
앉아 시드니의 점심을 즐겨본다.

The Sydney Opera House

뮤지엄, Staiton

하버 브리지로 가기 위해 호스텔에서 가장 가까운 뮤지엄 스테이션을 찾았다. 이곳이 지하철역이라고?? 역 이름처럼 멋진 지하 공간이었다. 영국의 지하철과 비슷한 느낌을 줬던 뮤지엄 스테이션의 엔틱한 타일, 그림이 내 발걸음을 멈추게 했다. 호주에는 얼마나 더 다양하고 멋진 지하 공간이 있을까?

Museum Staiton

블루마운틴

시드니의 필수 관광지인 블루마운틴을 보기 위해 데이투어를 신청했다. 아침 일찍 블루마운틴으로 향한 나는 그곳에서 호주 산불의 심각성을 직접 눈으로 볼 수 있었다. 멀리 보이는 블루마운틴은 하얀 연기로 가득 덮여 있었다. 산불로 인해 얼마나 많은 나무와 야생동물들이 희생당했을까. 블루마운틴을 보며 그저 좋을 수만은 없었던 하루.

Blue Mountains

SNS

어학연수에서 만난 대만 친구 트레이시, 인스타그램에 호주에 도착했다는 소식을 올리자 그녀에게 연락이 왔다.

'클로이, 나도 호주야.'

'혹시, 하버브리지 클라임 하지 않을래?'

같이 하기로 한 친구가 못하게 됐다며 나에게 하버브리지 클라임을 제안한 그녀. 나는 트레이시 덕분에 비용 없이 하버브라지 클라임을 할 수 있게 되었고, 대신 맛있는 저녁을 샀다. 사실 나는 여행을 떠나기 전에는 SNS를 하지 않았다. 그러던 어느 날 어학연수를 하면서 친해진 친구들의 제안으로 시작하게 되었고, 나는 여행을 하면서도 그들과 소통할 수 있게 되었다. 우리는 서로 다른 나라에 있지만 SNS로 일상을 공유하고 소통하며 인연을 이어갈 수 있었다.

Sydney Harbour Bridge

아이스버그 pool

서퍼들의 성지 본다이 비치. 나는 본다이 비치에 있는 아이스버그 수영장을 가기 위해 이곳에 왔다. 사람들은 수영장에서 거센 파도를 맞으며 수영을 즐기고 있었다. 이런 게 바로 호주 시드니에서만 즐길 수 있는 바다수영이 아닐까? 마치 본다이 비치와 하나가 된 듯한 아이스버그 수영장, 전 세계인들의 사랑을 받을 만한 특별한 수영장임에 틀림없다.

Bondi Beach

Degraves, 카페거리

디그레이브 카페 거리, 이곳은 쌀쌀한 날씨임에도 불구하고 많은 사람들이 야외 테라스에 앉아 커피를 즐기고 있었다. 나도 중간에 위치한 에스프레소 바 테이블에 앉아 간단한 빵과 커피를 주문했다. 신문을 보면서 커피를 마시는 중년의 남성, 친구와 브런치를 즐기며 대화를 나누고 있는 사람, 나와 같은 여행객. 커피를 한 잔 마시며 사람 구경을 하다 보니 점심시간이 훌쩍 지났다. 언제 내가 멜버른에 도착해서 커피를 마시고 있는 거지? 여행이 일상이 되던 순간.

Degraves Melbourne, Australia

수평적, 수직적 삶

보이는 것에 중심을 두는 삶,

보이지 않는 것에 중심을 두는 삶.

Degr Great Ocean Road

New Zealand

뉴질랜드

호반의 도시, 퀸스타운

대자연의 나라 뉴질랜드, 뉴질랜드에서 가장 아름다운 도시로 알려진 퀸스타운. 이곳에 도착했을 때 나는 그냥 걷고 싶었다. 아름다운 풍경을 보며 걷는 퀸스타운은 숨을 쉬는 것만으로도 힐링 그 자체였다. 왜 많은 사람들이 이곳으로 이민을 오려는지 단번에 이해할 수 있었다. 이곳에 살게 된다면 정신적, 마음적으로도 건강해질 것 같다는 생각을 끊임없이 준 퀸스타운.

Queenstown, New Zealand

라이딩

호스텔 근처에서 자전거를 빌려 가장 예쁜 구름을 따라 페달을 밝기 시작했다. 호수에서 산책 중인 강아지, 손을 잡고 걷고 있는 노부부, 가는 곳마다 그림이었다. 동화 속으로 들어온 건 아닐까? 착각을 불러일으키는 퀸스타운의 아름다운 풍경과 사람에 빠져 시간이 가는 줄 모르고 달렸다. 공기, 새소리마저 완벽했던 퀸스타운 라이딩.

Queenstown, New Zealand

오늘도 흐림

비가 내리는 퀸스타운 역시 아름다웠다. 하지만 여행지에서 비가 오면 딱히 할 만한 것들이 없다. 이럴 줄 알았으면 날씨가 좋을 때 퀸스타운에서 해야 할 액티비티를 다 해보는 건데…. 내일도, 모레도, 내가 떠나는 날까지 비 소식이 끊이지 않아 울적한 하루.

Queenstown, New Zealand

배낭 그리고 캐리어

내 전부, 여행을 하면서 가장 오랜 시간 동안 내 옆에 있었던 친구. 더운 나라에서 배낭을 메고 길을 잃게 되었을 때 좌절감은 두 배가 된다. 나는 그럴 때마다 이런 생각이 들었다. 배낭이 무겁고 불편해서 더 좋은 대안으로 바퀴 달린 캐리어가 나왔는데 나는 왜 그것을 이용하지 않고 바보처럼 이러고 있을까? 대부분 장기 여행자들이 배낭을 선호하는 이유는 수화물 비용을 절감하기 위해 또는 유럽, 동남아처럼 캐리어를 끌기에 적합하지 않은 도로 상태 때문일 것이다. 나는 이런 것들을 감수하더라도 캐리어를 끌고 싶다. 안전한 잠금장치, 편리한 이동, 어떤 날씨에도 짐을 보호할 수 있으며 단점보다는 장점이 더 많은 캐리어. 시대의 흐름을 따라가자.

Queenstown Hostel

마운틴 이든

뉴질랜드의 수도 오클랜드에 도착했다. 마운틴이든 전망대에 앉아 한참을 생각했다. 멜버른에서부터 였을까? 혼자 다니고 싶었다. 더 이상 사람들과 말을 하기도 싫고 혼자 있고 싶었다. 여행을 하면서 지금까지 힘든 일이 많았지만, 아무 일도 없는 지금 한국으로 돌아가고 싶어졌다. 더 이상 여행을 하고 싶지 않다는 생각을 하게 되면서 가족과 친구들이 그립고 한국이 그리워졌다.

Auckland, New Zealand

다시 만나자, 뉴질랜드

뉴질랜드에서 여행을 하는 동안 흐린 날씨, 대중교통 파업 덕분에 아쉬움을 남긴 채 떠나게 되었다. 그리고 여행 권태기…. 그래, 다시 오면 되지! 공항에서 뉴질랜드를 다시 오게 된다면 하고 싶은 것들을 적으며 아쉬운 마음을 뒤로 한 채 새로운 여행을 위해 나는 다시 떠났다.

Auckland Sky Tower

04

아시아

Indonesia

인도네시아

기아냐르

비교적 낮은 물가 때문에 많은 여행객들이 요가, 서핑, 요리 등 취미를 가지고 발리에 오래 머물곤 한다. 나는 발리에서 일주일씩 지역을 이동하며 한 달을 지내기로 계획하고 첫 지역으로 기아냐르를 선택했다. 일주일 동안은 아무것도 하지 않고 숙소에서만 지내기 위해 예약한 풀빌라. 드디어 호스텔에서 벗어나 혼자만의 공간에서 여유를 즐길 수 있게 되었다.

Gianya, Indonesia Bali

또 다른 섬으로

여행을 계속하고 싶은지 물음표를 던져가며 일주일을 보냈다. 내가 혼자 있고 싶은 게 맞는지? 아니었다. 휴식 기간 동안 여행이 하고 싶었다. 발리가 궁금했고 새로운 친구들을 만나고 싶었다. 나는 기아냐르에서 새벽에 짐을 챙겨 길리로 떠날 준비를 했다. 그렇게 콜렉티보 버스를 타고 배를 타고 길리에 도착했다. 이제 여행을 시작해 볼까? 배낭을 메고 다시 힘차게 걸어본다.

Gili trawangan island, Bali

길리 친구들

아름다운 길리 섬에서 수상 장비를 대여해 주며 일을 하고 있는 친구들. 그들은 음악을 좋아하고 바다를 좋아하는 순수한 친구들이었다. 나는 처음에 그들을 경계했었지만 바다에서 함께하며 친구가 되었다. 스노클링을 끝내고 파라솔로 돌아오면 그들은 기타를 치며 노래를 들려주었고 노래 실력 또한 대단했다. 그중에서 가장 친해진 제이, 그는 육지보다 바다에서 더 활발한 친구였다. 제이는 시간이 생기면 스노클링을 하고 있는 내게 다가와 길리 섬 바다 속 예쁜 물고기들이 있는 곳으로 나를 안내해 주었다. 그는 나에게 바다 가이드였다. 그렇게 길리에서 친구가 생겼고, 그는 내가 길리에 있는 동안 함께해 주었다.

Gili trawangan island, Bali

환상적인, 석양

아시아에 천국이 있다면 길리가 아닐까? 길리를 천국이라고 표현한 이유는 환상적인 석양 때문이다. 일몰 시간이 다가오면 바다에서 나와 자전거를 타고 선셋 포인트로 달린다. 길리 섬 맨 끝자락에 위치한 선셋 포인트, 이곳에서 인도네시아 맥주 빈땅을 마시며 일몰을 기다리는 시간은 내게 제일 행복한 시간이었다. 길리의 황홀한 석양은 정말 다른 세상을 보는 듯하다.

Gili trawangan island, Bali

굿바이, 길리

내게 길리에서의 일주일은 잠시 주춤한 여행의 또 다른 시작이었고, 그 결과 나를 설득했다. 여행이 하고 싶었고 남은 여행 기간 동안 더 열심히 즐길 자신이 생겼다.

Gili trawangan island, Bali

짱구

발리에서 가장 힙한 짱구에 도착했다. 짱구에 도착해 호주의 모습과 많이 닮은 거리의 그래피티가 내 눈길을 사로잡았다. 호주 사람들의 휴양지인 발리, 이곳에서 호주를 느낄 수 있는 이유 중 하나일 것이다. 대중교통이 발달되지 않은 짱구에서는 많은 여행객들이 교통수단으로 스쿠터를 이용한다. 그러다 보니 수영복만 입은 채 스쿠터를 타고 달리는 사람들을 흔히 볼 수 있다.

*graffiti : 길거리 벽면에 낙서처럼 그리는 그림.

Canggu, Bali

오가닉, 브런치 카페

    유독 짱구에 많이 있는 오가닉 레스토랑, 그중에서도 가장 인기있는 브런치 카페를 찾았다. 창고형 인테리어, 건강한 오가닉 메뉴들로 많은 사랑을 받고 있는 크레이트 카페. 주로 요가, 서핑을 끝내고 건강한 음식을 먹기 위해 여행객들은 이곳을 찾는다. 몸과 마음이 건강해지는 짱구에서의 시간.

Crate Cafe

바투볼롱 비치

서핑으로 유명한 짱구, 바다에서 서핑 중인 서퍼들을 보며 마시는 맥주는 짜릿하고 시원했다. 보는 것만으로도 즐거웠던 서핑, 그리고 발리의 석양….

Batu Bolong Beach

머시룸

　발리에 있으면서 술을 주문하면 항상 머시룸을 먹겠냐고 물어본다. 나는 저녁을 먹었다며 사양하곤 했지만 그게 진짜 머시룸이 아니었다는 걸 알게 되기 전까지 나의 생각. 인도네시아 사람들은 버섯을 참 좋아하는구나.

*mushroom : 환각제, 마약류

Batu Bolong Beach

포테이토 헤드

마음속 1순위 비치클럽 포테이토 헤드. 신나는 음악, 오션뷰 수영장, 석양 이 모든 게 어울려서 포테이토 헤드를 영원히 잊을 수 없게 만든다. 특히 이곳에서 보는 발리의 석양은 예술이다. 하늘이라는 도화지에 시간마다 변화는 석양을 누가 그리든지 매시간마다 작품이 탄생한다. 오늘 본 작품들은 평생 잊지 못할 것 같다는 생각이 드는 밤.

Potato Head Beach Club

발리로 휴가 온, 언니

나는 한국을 떠난 지 7개월 만에 가족을 만나기 위해 공항으로 향했다. 친언니가 일주일 동안 휴가를 내고 발리에 왔다. 그리웠던 우리 가족들…. 공항에서 언니를 마주했을 때 여러 감정이 교차했다. 짧지만 나에게도 드디어 함께 지내며 여행을 다닐 수 있는 여행 메이트가 생겼다. 언니와 함께하는 발리에서의 마지막 일주일이 기대가 된다.

Bali, Indonesia

아야나 리조트

다음날 우리는 아야나 리조트로 향했다. 사실 '발리' 하면 호텔의 컨디션이다. 합리적인 가격에 좋은 호텔에서 머물 수 있기 때문이다. 호텔에 도착해 어디부터 가야 할지 고민에 빠졌다. 아야나 투숙객들만 이용할 수 있는 풀, 프라이빗 비치, 레스토랑, 바, 등등 리조트 안에서만 하루를 보내도 전혀 지루할 틈이 없었다. 우리는 이곳에서만 경험할 수 있는 발리를 즐기며 여행을 시작했다.

RIMBA Jimbaran BALI by AYANA

일본어로 서핑 강습?

발리에서는 저렴한 가격으로 서핑을 접할 수 있어 언니가 오게 되면 서핑을 배우게 하고 싶었다. 그중에서도 파도가 약한 꾸따 비치를 찾았다. 이곳은 초보 서퍼들이 서핑을 배우기 정말 좋은 곳이다. 언니는 1:1로 강습을 받게 되었고 한참 뒤 나는 일본어로 서핑 강습을 받고 있는 언니의 모습을 보게 되었다. 일본어 전공자인 언니와 알고 보니 유창한 일본어 실력을 가지고 있었던 서핑 강사. 인도네시아 사람에게 일본어로 서핑을 배우게 될 줄이야? 언어는 위대하다.

Kuta Beach

루왁커피

    갑자기 비가 오기 시작했고 우리는 비를 피하기 위해 뜨갈랄랑에 위치한 카페를 찾았다. 인도네시아 커피인 루왁커피를 마셔볼 기회가 온 것이다. '루왁'이라는 사향고양이가 커피 열매를 먹은 후 배설한 것을 가공하여 만든 커피. 비가 추적추적 내리는 뜨갈랄랑을 보며 마시는 루왁커피의 향은 너무 좋았고 맛은 기대 이상이었다.

Tegallalang, Ubud

if

우리는 오늘 누사페니다 투어를 함께하게 될 친구들과 차를 타고 선착장으로 향했다. 선착장에 도착해 누사페니다로 향하는 배를 타기 위해 제대로 된 길이 없는 항구를 건너야 했다. 언니는 나에게 돌이 미끄럽다며 조심하라 말했고 그 순간 나는 앞으로 넘어지고 말았다. 정말 순식간에 사고가 났다. 나는 넘어지면서 양손으로 돌을 짚어 크게 다쳤다는 생각을 하지 못했었다. 손을 털며 아무렇지 않은 척 일어났는데 몇 초 후 나를 본 에리아나가 소리를 질렀다.

"클로이, 턱에서 피가 흐르고 있어! 피가 너무 많이 나!"

나는 턱을 만지고 알았다. 내가 다쳤다는걸…. 언니는 나를 부축했고 나는 뜨거운 태양빛에 정신을 잃었다. 다시 눈을 뜨자 현지 가이드가 나를 안고 뛰고 있었고, 길거리에 있는 모퉁이에 나를 눕혔다. 다른 인도네시아 친구들이 내 턱이 찢어졌다며 병원으로 가야 한다고 소리치자 가이드가 구급상자에서 붕대를 꺼내 피를 지혈했다. 얼마나 다친 건지도 모르겠고 정신이 없었다. 그렇게 병원 응급실에 도착했고 의사는 내게 턱을 꿰매야 한다고 말했다. 얼굴에 바늘자국이 생기게 되다니…. 나는 무사히 수술을 마쳤고 누사페니다로 가는 배는 떠났지만 투어 회사에서 우리에게 새로운 제안을 했다.

"오늘 누사페니다를 갈 수 있겠니?"

우리 둘을 위해 특별히 프라이빗 투어로 진행을 해주겠다는 가이드. 나는 고민을 하지 않고 가겠다고 했다. 언니의 휴가를 위해…. 언니는 무리하지 말라고 했지만 나는 턱에 붕대를 감고 누사페니다로 떠났다. 누사페니다에 도착해 다이아몬드 비치로 가는 길을 보고 경악을 금치 못했다. 내가 출발하기 전에 다친 이유가 이것 때문은 아닐까? 오늘 이곳을 아무 생각 없이 왔다면 살아서 발리를 나가지 못했겠다는 생각이 들었다. 이 모든 게 다이아몬드 비치에서 조심하라며 준 경고는 아니었을까? 그렇게 험난했던 누사페니다 투어를 종료하고 다시 육지로 향했다.

Diamond Beach, Nusa Penida

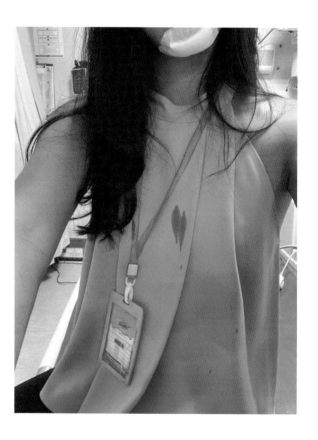

잊지 못할 기념품

숙소로 돌아가는 길, 차 안에서 다시 에리아나를 만났다. 그녀는 나에게 괜찮냐며 위로를 해주었다.

"걱정 마, 너는 공짜로 기념품을 얻은 거야."

평생 발리를 잊을 수 없는 기념품을 갖게 된 거라며 자신이 여행을 하며 얻은 상처들을 보여주는 에리아나, 그녀 덕분에 나는 웃음이 터졌다. 우울했던 내 하루가 그녀의 위로 덕에 행복해지는 순간이었다. 이런 위로는 살면서 처음이었다. 그녀가 아무렇지 않게 말하자 거짓말처럼 아무렇지 않은 일이 되어 버렸다.

Mandara Hospital, Bali

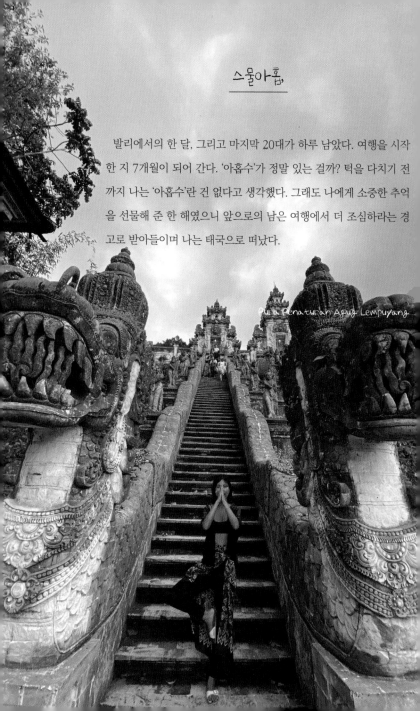

스물아홉,

발리에서의 한 달, 그리고 마지막 20대가 하루 남았다. 여행을 시작한 지 7개월이 되어 간다. '아홉수'가 정말 있는 걸까? 턱을 다치기 전까지 나는 '아홉수'란 건 없다고 생각했다. 그래도 나에게 소중한 추억을 선물해 준 한 해였으니 앞으로의 남은 여행에서 더 조심하라는 경고로 받아들이며 나는 태국으로 떠났다.

Pura Penataran Agug Lempuyang

Thailand

태국

재정비

나는 또다시 혼자가 되어 새벽 비행기를 타고 태국의 수도 방콕에 도착했다. 방콕 호스텔에서 커피를 한 잔 마시며 발리 여행을 정리하다 내가 턱을 꿰맸다는 사실을 다시 인지하게 되었다. 당장 소독을 해야 하는데 매번 병원에 가서 소독을 받기에는 비용이 부담됐다. 나는 호스텔 근처에 있는 약국에서 소독 용품과 붕대를 구입했다. 그날 소독을 하면서 처음으로 내 상처를 보게 되었다. 징그러운 실밥들 사이에 보이는 상처…. 혼자 감당하기엔 아프고 외롭고 슬펐다. 다시 한번 나 홀로 단단해지는 시간.

Bangkok, Thailand

카오산 로드

    방콕의 랜드마크 카오산 로드. 레스토랑, 펍, 기념품, 옷, … 모든 게 내 눈길을 사로잡았지만 내 관심사는 이곳에 있는 드럭스토어였다. 마침내 그곳에서 찾고 있던 브랜드의 재생연고를 살 수 있어 안심이 되었다. 실밥을 풀면 얼굴에 난 상처를 흉이 지지 않게 잘 관리하는 것도 이번 여행의 미션이 되어 버렸다.

Khaosan Road, Bangkok

다시 만난, 에리아나

발리에서 만난 에리아나와 방콕 카오산 로드에서 다시 만나게 되었다. 나보다 이틀 정도 빠르게 태국에 도착한 그녀와 오늘 카오산 로드에서 2019년의 마지막 밤을 같이 보내기로 했다. 카오산 로드는 많은 사람들의 열기로 가득 차 있었다. 거리의 모든 사람들이 맥주를 마시며 카운트다운을 기다렸다.

"…5, 4, 3, 2, 1"

"Happy new year!"

함성과 함께 새해가 시작되었다. 20대의 마지막 자락을 타국에서 보내고 서른이라는 새로운 나를 맞이했다. 우리는 맥주를 마시며 호스텔까지 걷기 시작했다. 자연스럽게 가족 이야기가 나왔고, 그녀가 여행을 시작하게 된 이유를 듣게 되었다. 그녀는 6개월째 동남아를 여행 중이었다. 1년 전 동생이 자살한 후 깊은 슬픔과 우울증에 허우적거리다가 결국 여행을 결심한 것이다. 에리아나는 웃고 있었지만 눈에는 슬픔이 가득 차 있었다. 여행으로 자신의 마음을 치료를 받고 있던 것이다. 그녀의 마음이 조금이라도 치유되길 바라며 앞으로는 좋은 일만 가득하길 진심을 담아 기도한다.

Bangkok, Thailand

방콕 병원

푸껫으로 떠나기 전 실밥을 제거하기 위해 방콕에서 제일 큰 병원을 찾았다. 병원에는 영어가 가능한 통역사가 있었고, 그분의 도움을 받아 쉽게 진료 접수를 할 수 있었다. 접수 전 맥박을 체크하고 간단한 서류를 작성했다. 여기까지는 한국 병원과 크게 다른 점이 없었다. 그렇게 의사를 만나기까지 1시간의 시간이 소요되었다. 드디어 의사 선생님을 만나게 되었고, 선생님은 야속하게도 상처가 아직 아물지 않았다며 일주일 뒤에 다시 오기를 권했다. 당장 나는 내일 푸껫으로 떠나야 하는데 그곳에서 또 병원을 찾아야 하는 신세가 된 것이다. 선생님은 '푸껫에도 좋은 병원들이 많으니 걱정 말라.'며 나를 안심시켰다. 그렇게 나는 마지막 날 병원 일정으로 방콕 여행을 마무리하게 되었다.

Bangkok, Thailand

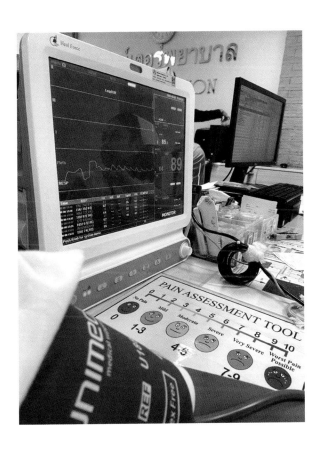

푸껫을 향해

공항 수속을 마치고 숙소를 예약하기 위해 검색에 들어갔다. 무조건 병원과 가까운 곳을 찾았다. 다행히 빠통 비치 근처에 제법 큰 병원이 있었다. 나는 그 근처에 있는 숙소를 예약했다. 호스텔과 호텔을 고민하다 가격 차이가 많이 나지 않아 호텔을 예약했다. 그렇게 호텔에서 생길 일을 예상하지 못한 채 나는 푸껫으로 떠났다.

Phuket, Thailand

이상한 호텔

공항에서 꼴렉티보 택시를 타고 숙소에 도착했다. 호텔은 외관부터가 충격적이었다. 도대체 이게 호텔인지 모텔인지 알 수가 없었다. 어쩌면 사진과 이렇게 다를 수가 있을까? 나는 실망을 가득 안은 채 체크인을 끝내고 방으로 향했다. 그날 밤 이상한 일이 벌어졌다. 새벽 1시쯤 누군가 내 방문을 격하게 두드리는 소리가 들렸다.

'쿵쿵쿵쿵…', '쿵쿵쿵…'

나는 누구냐고 물었지만 아무런 대답을 들을 수 없었다. 온몸으로 문을 막았다. 지금 당장 나에게 도움을 줄 수 있는 사람이 누가 있을까? 반복되는 쿵쿵쿵 소리에 나는 완전히 겁에 질렸다. 문을 등지고 있는 것 말고는 아무것도 할 수가 없었다. 1시간쯤 지나자 거짓말처럼 조용해졌다. 그러나 두려움은 가시지 않았다. 나는 문 앞에 주저앉아 불안에 떨며 밤을 새웠고 아침이 돼서야 나갈 수 있었다. 호텔 측에 어젯밤 있던 일들을 말하며 CC-TV를 요청했지만, 녹화되지 않아 확인할 수 없고 간혹 그런 해프닝이 생긴다는 대답이 돌아왔다. 호텔 직원의 말을 도무지 이해할 수가 없었다. 태국에서는 호텔보다 호스텔이 더 안전할지도 모른다는 생각이 들어 불길한 호텔에서 빠져나와 나는 배낭을 메고 다시 호스텔로 향했다.

Monkey Beach, Phi Phi Islandsd

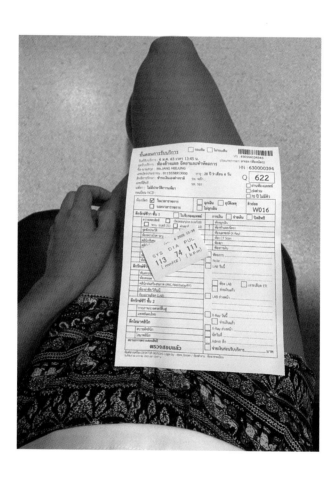

바통 병원

 드디어, 일주일이 지나고 실밥을 제거할 수 있게 되었다. 방콕에서 접수
과정보다 비교적 간단하게 진료를 접수한 후 소독실 앞에서 기다렸다. 이
번에는 의사를 만나지 않고 간호사분이 바로 실밥을 제거해 주셨다. 드디
어 처음으로 실밥 없는 맨살을 보게 되었다. 기분이 이상했다. 마치 새로
운 사람으로 태어난 기분이랄까? 이제 다시 제대로 여행을 즐길 수 있게
되었다며 아쉬운 마음을 뒤로한 채 나는 푸껫을 떠났다.

Patong Hospital

코팡안

푸켓에서 코팡안으로 가기 위해 버스를 타고 이동했다. 코팡안까지 가는 길은 평탄하지만은 않았다. 버스를 타고 중간지점에서 대기했다가 배를 타고 섬으로 들어가야 했다. 코팡안이라는 섬에 가기 위해 꼬박 하루를 보내야 하는 것이다. 코사무이로 향하는 비행기를 탔다면 시간도 체력도 절약할 수 있었겠지만 이렇게 코팡안을 가는 것도 나름 배낭여행의 묘미가 아닐까 싶다. 조금은 힘이 들어도 버스를 타고 도시를 이동하는 매력은 분명히 있다.

Koh Pangan, Thailand

풀문파티

　전 세계 3대 파티 중 하나인 태국의 풀문 파티. 그중 하나를 오늘 즐길 수 있게 되었다. 보름달이 뜨자 파티는 시작되었다. 핫린 비치 안에서 벌어지는 파티는 일렉 존, 힙합 존, 불쇼 섹션이 나눠져 있어 자신의 취향에 맞는 파티를 즐길 수 있다. 비치 곳곳에는 페인팅, 바켓 술, 음식을 즐길 수 있도록 상점이 마련돼 있었다. 사람들은 어두운 밤에 열리는 파티에서 자신을 표현하기 위해 몸에 페인팅을 한다. 가장 인상 깊었던 것은 자신의 등에 'I Love My Life'라고 새긴 백색 머리의 노인이 파티를 즐기고 있는 모습이었다. 얼마나 멋진 인생인가! 전 세계 친구들이 파티를 즐기기 위해 모였고, 모든 사람들이 하나가 되어 보름달이 질 때까지 밤새 술을 마시며 파티를 즐겼다.

Fullmun Party 2020, Koh Pangan

Cambodia

캄보디아

비밀, 앙코르와트

오랜 시간을 견뎌온 앙코르와트를 보며 홍콩 영화 '화양연화'의 엔딩 장면이 떠올랐다. 양조위는 앙코르와트에 비밀을 묻는다. 오랜 시간을 아무 말 없이 지키고 있는 이곳이야말로 비밀을 묻기에 적당한 곳이 아닐까? 누구나 살면서 말할 수 없는 비밀은 하나씩 가지고 있다. 그때 그 시절이 화양연화로 남길 바라며 나도 이곳에 비밀을 묻고 새로운 시작을 다짐한다.

Angkor Wat, Cambodia

선생님의 방학

투어를 하다 만나게 된 선생님, 그는 방학 때마다 짧게 해외여행을 다닌다고 한다. 그를 보며 학창 시절 우리에게 여행 이야기를 해주시던 미술 선생님이 생각났다. 해외여행을 자주 다니셨던 선생님은 여행 사진을 보여주시며 그곳에서 생긴 에피소드와 교훈을 말해주시곤 했다. 그래서 선생님은 방학이 되면 적어도 한 달 정도는 여행을 다닐 수 있는 좋은 직업이라고 생각했었는데, 직접 이야기를 들어보니 연수, 학업 준비 기간을 빼면 1~2주 정도의 시간을 여행으로 사용할 수 있었다. 그는 이번에 동남아를 선택했고 여행을 다니면서 많은 걸 배운다고 말했다. 내가 여행을 하면서 느끼고 배운 것들을 들려주며 누군가에게 좋은 영향을 줄 수 있다는 건 얼마나 큰 기쁨일까? 선생님의 여행 이야기를 들으며 여행을 꿈꿨던 나처럼.

Kompong Pluk

톤레삽 호수

노를 짓는 뱃사공이 떠오는 톤레삽 호수의 석양, 수채화 같은 흐릿한 석양이 너무나 아름다웠다.

Tonle Sap Lake

Laos

라오스

루앙프라방

 자연의 라오스를 느끼게 해주는 루앙프라방. 산과 어우러진 메콩강을 바라보며 동양에 스위스가 있다면 이곳이 아닐까 하는 생각이 들었다. 루앙프라방의 동양적인 아름다운 경관은 놀랍다.

Luang Prabang, Laos

편안한 오후

    자전거를 빌려 메콩강을 따라 루앙프라방 마을을 달렸다. 이곳만의 고요함과 평화로움이 나를 편안하게 해준다. 햇살이 뜨거운 오후 시간에는 카페 앞에 자전거를 세워 두고 시원한 라테를 마시며 휴식을 취했다. 여행지에서 목적지 없이 달리는 라이딩보다 좋은 시간이 있을까? 오늘도 나는 나만의 여행을 그려 나간다.

Luang Prabang, Laos

꽝시 폭포

루앙프라방의 꽃, 꽝시 폭포를 가기 위해 호스텔 친구들과 차량을 빌려 함께 이동했다. 에메랄드빛 꽝시 폭포를 보며 발리 아야나 리조트의 리버풀이 떠올랐다. 혹시 리버풀의 컨셉이 이곳을 모티브로 해서 만든 것은 아닐까? 자연 속에 숨겨져 있는 계곡, 그러나 아름다운 모습에 비해 물은 얼음장처럼 차가웠다.

Kuang Si Falls

푸시 전망대

전망대에서 바라보는 루앙프라방의 그림 같은 전경. 산, 메콩강을 붉게 물들이고 있는 석양이 더해지면 한 장의 그림이 완성된다. 푸시 전망대에서….

Phou si Mountain

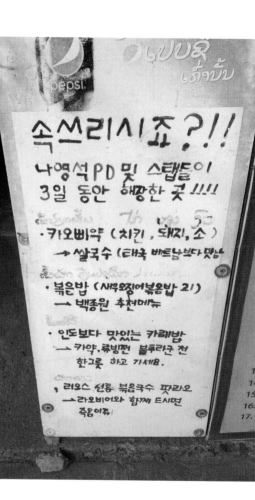

한국?

방비엥에 도착해 나는 대학 시절 가평으로 MT를 떠났을 때 느낌을 받았다. 이곳이 라오스가 맞나? 한국어 간판, 거리를 걷고 있는 한국인들, 여행을 하면서 처음으로 많은 한국인들과 마주하게 되었다. 그런데 나는 왜 이렇게 적응이 안 되는 걸까? 방비엥은 '제2의 한국'임이 분명하다.

Vang Vieng, Laos

꽃보다 청춘

아침 일찍 버기카를 타고 블루라군 1, 2, 3포인트를 향해 달렸다. 비포장도로를 달리는 버기카를 즐겨야 하는데 나는 무서웠다. '또 다치게 된다면…'이라는 생각이 꼬리를 물었다. 다행히 아무런 사고 없이 블루라군 투어를 마칠 수 있었다. 꿰맨 상처가 아직 아무는 중이라 다이빙은 할 수 없었고, 한 달 반 만에 수영을 즐겼다. 얼마 만의 물인가! 한참을 놀다 매점에서 이곳의 시그니처인 한국식 뚝배기 라면을 주문했다. 수영 후 먹는 라면이 맛없을 리가 없었다. 라오스에서 먹는 한국 라면이라니…. 거기에 시원한 맥주까지 곁들이는 동안 나는 어느새 라오스 방비엥의 매력에 취해 있었다.

*buggy car : 모래땅이나 고르지 못한 곳에서 달릴 수 있게 만든 자동차.

Blue Lagoon, 3point

죽음의 남싸이 전망대

여행을 하면서 다녔던 전망대 중 가장 위험했던 라오스 방비엥의 남싸이 전망대. 나는 바보같이 슬리퍼를 신고 왔다. 걷기만 하면 될 줄 알았기 때문이다. 그런데 등산보다 더한 암벽등반이었다. 게다가 라오스에는 의료시설이 많지 않기 때문에 이곳에서 크게 다치게 된다면 비행기를 타고 태국으로 넘어가 수술을 받아야 한다. 태국으로 다시 가는 일이 없도록, 나는 조심 또 조심하며 전망대에 올라갔다. 편할 줄로만 알았던 동남아 여행, 생각보다 쉽지가 않다.

Nam Xay Top Viewpoint

248

그들의 일상

저녁 시간이 되자, 한국과 다름없이 퇴근하는 사람들의 일상을 볼 수 있었다. 각자 집으로 향하는 걸까? 비엔티안의 일몰을 보며 라오스 여행을 마무리한다. 동남아시아 여행을 마치며….

Vientiane, Laos

Russia

러시아

붉은 광장

러시아의 수도 모스크바. 이곳의 랜드마크는 '붉은 광장'이 아닐까? 추운 날씨였지만 화려한 조명에 취해 추운 줄도 모르고 붉은광장으로 향했다. 별빛이 내리는 듯한 모스크바의 밤거리.

Red Square, Moscow

떠오르는 오로라 여행국, 러시아

호스텔에서 한국인 친구를 만났다. 모스크바를 중점으로 러시아 여행을 다니고 있는 친구였다. 그녀는 나에게 새로운 여행 소식을 들려주었다. 요즘 유럽 친구들 사이에서 가장 인기 있는 오로라 여행지가 러시아에 있다는 사실을! 이유는 저렴한 경비 때문이었다. 러시아의 매력에 빠진 그녀는, 러시아 정부가 관광 쪽으로 투자를 많이 하고 있기 때문에 앞으로 떠오르는 오로라 여행국이 될 것이라고 말했다. 그녀의 이야기를 듣고 나니 어쩐지 러시아의 마지막 밤이 아쉬워진다.

Saint Basil's Cathedral, Moscow

05

유럽

Denmark

덴마크

덴마크 사람들

행복지수 1위인 복지국가 덴마크의 수도 코펜하겐에 도착했다. 그들의 행복지수가 높은 이유는 국가적인 지원과 복지혜택 때문일까? 삶의 질을 높이기 위해 일상에서 소소한 행복을 찾는 덴마크 사람들의 노력 때문은 아닐까? 생각보다 가까운 곳에 있을지도 모르는 행복을 찾아서….

Copenhagen, Denmark

뉘하운의 아침

코펜하겐의 뉘하운, 아침이면 자전거를 타고 이곳을 지나 출근하는 코펜하겐 사람들을 볼 수 있다. 세계 최초로 자전거 전용도로를 만든 나라답게 도시 거주자 대부분이 자전거로 출퇴근을 한다. 유명 인사들도 자전거를 타는 것이 일상인 덴마크. 이곳에서의 아침은 여유로움이 느껴진다.

Nyhavn, Copenhagen

슈퍼킬렌 파크
──────────────

  뉘하운에서 대만 친구를 사귀게 되었다. 그녀는 독일에서 건축학을 공부하며 유럽 여행 중이었다. 유럽에서 하는 건축 공부는 얼마나 흥미로울까? 그녀는 유럽의 멋진 건축물을 통해 많은 영감을 받는다고 한다. 코펜하겐에서 그녀의 제안으로 슈퍼킬렌 파크를 찾았다. 그녀가 아니었다면 이런 멋진 곳을 알 수 있었을까? 나에게 새로운 시선을 안겨 준 그녀의 이름을 기억하기 위해 한자로 서로의 이름을 공유했다. 훗날 멋진 건축가가 되길 바라며…. 꼭 기억하고 있을게, 너의 이름!

Superkilen Park

Austria

오스트리아

빈 그리고 카페,

빈에는 오랜 역사와 전통을 지닌 카페들이 있다. 옛것을 바꾸지 않고 그대로 보존해 운영하고 있는 멋스러운 카페, 인테리어뿐만 아니라 커피의 맛 또한 일품이다. 나는 제일 먼저 카페 센트럴을 찾았다. 역시나 많은 사람들이 커피를 맛보기 위해 줄을 서 있었다. 오스트리아의 예술가들이 즐겨 찾았던 카페 센트럴에서 아인슈페너를 마시며 빈의 여행을 시작했다.

Cafe Cenreal, Vienna

새로운 인연

    카페 센트럴에 도착했을 때 이미 많은 사람들이 추위에 떨며 줄을 서고 있었다. 드디어 내 차례가 다가왔다. 종업원은 테이블을 셰어할 수 있겠냐고 묻더니 혼자 커피를 마시러 온 남성을 소개해 주었다. 오스트리아 빈 카페에서 낯선 이태리 남자와 합석을 하게 되다니…. 그는 이태리 사람이지만 두바이에서 직장을 다니고 있었다. 두바이에서 오스트리아 빈까지 와서 커피를 자주 즐기는 그는 아랍에미리트의 기장이었다. 나는 직접 비행기를 운행해서 다니는 그가 너무 부럽고 신기했다. 빈에서 만난 첫 번째 인연, 자신의 일에 대한 확신과 애정이 있는 그의 이야기를 들으며 '즐기면서 사는 삶이 이런 게 아닐까?' 하는 생각이 들었다.

Cafe Cenreal, Vienna

예술의 도시, 빈

오스트리아의 수도 빈의 거리는 항상 음악 소리로 가득 채워져 있다. 거리에서 공연을 하는 악사들의 연주는 수준급이었고, 정시가 되면 호프부르크 왕궁에 울려 퍼지는 종소리는 마치 내가 중세 시대로 타임슬립 한것 같은 착각을 불러일으켰다. 지금 내 앞에 있는 마차를 타면 모차르트가 있던 그 시대로 갈 수 있을까? 유럽의 웅장하고 아름다운 건축물들을보고 있으면 시간 여행을 하는 느낌이 든다.

*time slip : 자연스럽게 과거와 현재, 미래를 오고가는 시간 여행

Vienna, Austria

비포 선라이즈 투어

　오스트리아에서 가장 해보고 싶었던 영화 '비포 선라이즈' 투어. 영화 속 장소들을 돌아보는 여행이다. 비포 선라이즈는 서로 다른 국가의 남녀가 여행지에서 만나 사랑을 그려 가는 멜로 영화이다. 이 영화의 관전 포인트는 여행이다. 여행지의 아름다움을 보여주며 둘만의 대화로 스토리를 풀어나간다. 그중 시즌 1 비포 선라이즈는 오스트리아 빈을 배경으로 촬영했다. 그들이 탔던 트램을 타고 영화 속 여행 시작점인 도나우 운하 다리로 향했다. 그리곤 그들이 둘만의 시간을 즐기던 레코드 가게 (ALT&NEU)를 찾았다. 제시와 셀린은 없었지만 비포 선라이즈의 향기는 남아 있었다. 알베르티나 박물관, 프라터 놀이동산 그리고 마지막으로 그들이 헤어지고 다시 만나지 못했던 웨스턴 기차역을 끝으로 나도 영화 속 그들과 이별을 했다.

Vienna, Austria

ÖBB 기차

기차역을 헤매다 1분을 남겨두고 기적적으로 탑승한 할슈타트행 기차. 자리에 앉아 한숨을 돌리자 기차는 할슈타트로 향했다. 내겐 너무 인상적이었던 오스트리아의 수도 빈, 할슈타트는 또 어떤 모습일까? 기대를 가득 안고 기차 안에서 할슈타트 마을의 모습을 그려본다.

Hallstatt, Austria

할슈타트 역

    기찻길이 아름다웠던 할슈타트 역. 흐르는 물소리, 새소리마저 선명하게 들리는 이곳에서 나는 유럽의 크고 웅장한 건축물도 좋지만, 도시보다는 자연을 더 좋아하는 사람이라는 걸 다시 한번 느낄 수 있었다.

Hallstatt, Austria

설경, 마무리

할슈타트의 여행을 마치고, 다시 빈으로 향하는 기차 안에서 창문으로
보는 오스트리아의 설경은 나를 깊은 생각에 빠지게 했다. 그동안 여행을
하며 돌아다녔던 수많은 나라, 도시들이 떠올랐고 어느새 5번째 대륙인
유럽에 서 있었다. 한 해가 흘러 내 여행의 그림은 색을 채워 가는 중이다.

Hallstatt, Austria

시작과 끝, 기억

오스트리아를 떠나기 전, 남은 동전을 모두 쓰기 위해 마켓을 찾았다. 나는 대략 가격에 맞춰 탄산수, 딸기 요거트, 팝콘을 골랐고 계산을 하기 위해 캐셔 데스크로 갔다. 예상과 달리 금액이 부족해 팝콘을 빼려는데 걱정 말라며 자신의 돈으로 결제를 해주시는 마켓 아주머니. 나에게 지긋이 웃으시며 인사를 건네주셨다.

'Have a good trip!'

그녀의 따뜻한 배려와 말 덕에 나에게 오스트리아는 사람이 좋은 나라, 마지막 날까지 좋았던 여행으로 기억되지 않을까? 나도 한국에서 낯선 외국인을 만나게 된다면 따뜻하게 다가갈 수 있는 사람이 돼야겠다고 다짐하며 헝가리로 향하는 열차를 탔다.

Vienna, Austria

Hungary

헝가리

Super Nice, 야경

열차를 타고 국경을 넘어 헝가리 부다페스트에 도착했다. 기차역 안에서 아직은 헝가리로 넘어왔다는 게 실감이 나지 않았다. 육로를 통해 국경을 이동했기 때문일까? 나는 역에서 나와 부다페스트 야경을 마주하는 순간, 비로소 내가 헝가리에 있다는 게 실감이 났다. 백만 불짜리 야경이 나를 설레게 해 호스텔로 향하는 발걸음이 가벼워진다.

Budapest, Hungary

세체니 온천

　새벽부터 세체니 온천을 가기 위해 출근하는 사람들 사이에 끼어 트램을 타고 온천으로 향했다. 외관부터 웅장한 세체니 온천, 로마 시대 때부터 사람들이 즐겨 찾던 온천답게 굉장했다. 맑은 하늘 아래 모락모락 피어오른 연기가 사라지자 보이는 온천의 모습은 엔틱함 그 자체였다. 옐로우 톤의 건축물, 조각 이렇게 아름다운 야외 온천이 있을까? 따뜻한 물에 몸을 녹이는 순간 천국에 온 듯했다. 눈도 몸도 즐거웠던 세체니 온천.

Szechenyi Baths and Pool

사랑,

해가 질 무렵, 헝가리에서 만난 친구와 함께 세체니 다리를 향해 걸었다. 그녀의 러브스토리를 들으며 걷는 세체니 다리는 사랑 이야기만큼 달콤하며 아름다웠다. 그녀는 외국인과 장기 연애 중이라고 했다. 지금은 영국에서 함께 일하며 만나고 있는 커플이었다. 롱디에서 이제는 매일 볼 수 있어 너무 행복하다는 그녀를 보며 역시 사랑의 힘은 크다는 걸 느낄 수 있었다. 사랑한다면 이유야 얼마든지 만들어 옆에 있을 수 있으니 말이다. 그녀의 용감하고 멋진 사랑을 응원한다.

*long distance : 해외 취업이나 유학, 지방 근무로 서로 멀리 떨어져 살면서 하는 연애.

Budapest, Hungary

비 오는 부다페스트

부다페스트의 마지막 날, 비가 오기 시작했다. 나는 부다페스트에서 가장 오래된 카페 '제르보'를 찾아 커피를 마시며 마지막 일정을 정리했다. 창밖으로 우산을 쓰고 지나가는 사람들을 보며 유럽은 언제 와도 멋진 곳이라는 생각이 들었다. 내가 유럽을 좋아하는 이유도 그냥 이 분위기 때문은 아닐까? 유럽만이 가진 감성적인 분위기는 언제나 날 설레게 한다.

Cafe gerbeaud, Budapest

Greece

그리스

공항

지중해, 그리스의 수도 아테네에 도착했다. 공항버스를 기다리는데 낯선 남자가 말을 걸었다. 그리스에서 일을 하고 있는 그는 이집트 사람이었다. 우리는 같은 버스를 타게 되었고, 그는 가는 동안 끊임없이 말을 했다. 그리스 국기의 의미, 관광명소, 맛집 등 나에게 여행 정보를 주었다. 처음에는 그를 경계하고 의심했지만, 알고 보니 그냥 수다쟁이였다. 그는 내 앞좌석, 옆좌석 친구들에게도 인사를 건넸다. 버스 안에 있는 모든 사람들과 친구를 할 기세였다. 여기저기에서 그에게 그리스에 대한 질문이 쏟아졌다. 질문은 매우 다양했다. 파키스탄에서 온 친구는 아테네에서 일을 구하려면 어디에 머무는 게 좋은지를 물었고, 루마니아에서 온 아주머니는 그리스의 경제에 대해 궁금해했다. 그는 막힘없이 대화를 이어갔다. 그러는 사이 우리는 아테네 시내에 도착했다. 그는 내가 예약한 호스텔의 위치를 안다며 나에게 길을 안내해 주었다. 뭐 이런 친구가 다 있지? 그의 따뜻한 배려 덕에 그리스 여행을 기분 좋게 시작할 수 있었다.

Athens, Greece

아테네의 아침

다음날 호스텔에서 아침을 맞이했다. 간단한 점심을 먹기 위해 걸어서 모나스티라키 거리를 향했다. 숙소에서 모나스티라키 거리까지 도보 5분, 골목을 들어서는 순간 나는 발걸음을 멈출 수밖에 없었다. 골목에서 보이는 아크로폴리스 신전 뷰…. TV에서만 보던 신전을 맞이하는 순간이었다. 고개만 들면 보이는 신전을 한참을 바라보며 거리를 걸었다.

Athens, Greece

아크로폴리스

세계문화유산 1호인 파르테논 신전을 보기 위해 아크로폴리스로 향했다. 구름에 닿을 듯한 파르테논 신전을 보며 경이로움을 감출 수가 없었다. 보수공사 중이었지만 파르테논 신전 그 자체만으로도 너무 멋진 건축물이었다. 복구가 되면 얼마나 더 멋질까? 아크로폴리스에서는 파르테논 신전, 헤로데스 극장, 디오니소스 극장, 에레크테이온 그리고 멀리 제우스 신전까지 볼 수 있다. 대학 시절, 교양 과목으로 '그리스의 문화' 수업을 들으며 그리스라는 나라가 정말 궁금했다. 그리고 오늘 그리스 역사와 마주하는 순간, 꿈이 아닌가 싶을 정도로 감격스러웠다.

Acropolis, Athens

코로나, 아테네 관광지 셧다운?

아테네의 마지막 날, 그리스는 코로나 사태로 아테네의 모든 관광지를 폐쇄시켰다. 신이 도우셨는지 더 늦게 그리스를 찾았다면 아크로폴리스는 물론 아테네 여행을 할 수 없게 되는 상황이 왔을 수도…. 그렇게 코로나와 함께하는 불안전한 여행이 시작되었다.

Athens, Greece

산토리니

밤 비행기를 타고 산토리니에 도착했다. 밤에는 아무것도 보이지 않았던 피라 마을, 온통 새하얀 집들과 파란 지중해의 바다를 보며 아침을 맞이했다. 그리고 이곳에서 만난 일본인 테츠, 이상하게 밝고 순수한 테츠를 보며 나까지 기분이 좋아졌던 산토리니에서의 시간.

Fira, Santorini

이아 마을

동화 같은 산토리니 이아 마을, 카페에서 커피를 한 잔 마시며 오후를 시작했다. 이렇게 카페에 앉아 있는 것만으로도 힐링이 되는 곳, 세상에서 가장 예쁜 마을은 이아 마을이 아닐까?

Oia, Santorini

Turkey

E기기

한국인 입국 금지

3월 15일, 그리스 아테네에서 터키로 향하기 위해 공항에 도착했다. 공항의 분위기는 예사롭지 않았다. 코로나19 사태로 여러 국가에서 국경의 문을 닫거나, 외국인의 입국이 까다로워져 티켓팅조차 어려운 상황이었다. 나도 피해 갈 수는 없었다. 터키 항공에서는 내가 한국인이라는 이유로 티켓팅을 해주지 않았다. 2시간에 걸쳐 여권의 도장과 그동안 모은 비행기 티켓을 보여주며 내가 오랜 기간 여행 중이라는 사실을 증명한 후에야 겨우 티켓팅을 할 수 있었다. 입국부터 쉽지 않았던 불안한 터키 여행이 시작되었다.

Istanbul, Turkey

탁심 광장

이스탄불 시내, 탁심 광장에 도착했다. 아직까지 터키는 다른 유럽 국가처럼 마스크를 쓰는 사람이 없었다. 그러나 동양인을 보는 시선이 차갑긴했다. 사람들은 식당에서도 코로나19 사태에 대한 뉴스를 보고 있었고, 여기저기서 코로나 이야기만 나오면 동양인이라는 이유로 나를 보는 시선이 따가웠고 불쾌하게 느껴지기 시작했다.

Taksim Square, Istanbul

인종 차별, 그리고 호스텔

여행을 시작하고 처음으로 인종 차별을 경험하게 되었다. 머물고 있는 호스텔에 투숙객이 많지 않은 관계로 나 혼자 머물던 6인실에서 4인실로 옮기게 되었다. 배정된 침대에 짐을 풀려 하자 방 안에 있던 친구가 동양 인과 같이 방을 쓸 수 없다며 혼잣말을 하기 시작했다. 바이러스가 걸렸 을 수도 있다는 것이다. 그녀는 방으로 호스텔 직원을 불렀다. 호스텔 직 원은 그녀가 말이 통하지 않자 나에게 1인실을 주며 사과를 했다. 결국 나 는 다시 한번 방을 옮기게 되었다. 직원에게 '도대체 생각 없는 쟤는 어느 나라 사람이냐.'고 묻자 그는 오해하지 말라며 그녀가 터키 사람이라는 사 실을 알려주었다. 나는 그의 말에 굳은 얼굴을 펴게 되었다. 그는 다시 한 번 나에게 미안하다며 무료 조식까지 제공해 주었다. 친절한 직원 덕분에 처음 겪는 인종 차별을 잘 넘길 수 있었지만, 역시나 세상은 넓고 이상한 사람들은 많다.

Grand Bazaar

마지막 여행지, 터키

어려웠던 티켓팅, 따가운 시선, 인종 차별. 그리고 내일부터는 약국 빼고 모든 시설이 셧다운되어 호스텔에서도 나가야 하는 상황까지 왔다. 나는 더 이상 여행을 할 수 없다는 결론을 내렸다. 카파토키행 표를 버리고 한국으로 돌아가기로 결심했다. 터키 이스탄불이 마지막 여행지가 될 줄이야! '이스탄불을 즐길 수 있는 날은 오늘뿐'이라는 생각에 아침 일찍부터 관광명소를 다녀왔다. 아야 소피아 성당, 블루 모스크, 그랜드 바자르, 갈라타 타워…. 이날 길을 걸으면서 코로나 소리만 수백 번 들었다. 일단 동양인이 지나가면 '코로나', '코로나'라며 소리를 치는 미개한 사람들. 다 배움이 부족해서겠지? 어차피 오늘이 마지막 날이니…. 눈물을 머금고 이스탄불 여행을 마무리한다.

Ayasofya, Hagia Sophia

go back to, 한국

코로나 19사태로 전 세계가 긴장하기 시작했다. 이미 많은 국가들이 국경을 폐쇄했고 터키에서 한국으로 돌아가는 직항조차 운행을 하지 않았다. 남은 방법은 경유를 해서 한국으로 돌아가는 것뿐이었다. 그마저도 러시아나 중동에서는 환승이 어려웠고, 2장 남은 싱가포르 경유행 티켓을 100만 원 정도 되는 가격에 결제했다. 이젠 터키인들의 인종 차별이 문제가 아니었다. 나의 안전과 건강이 더 큰 걱정이었다. 아무도 없는 이곳에서 바이러스에 걸리면 대책이 없기 때문이었다. 여행을 시작할 때만 해도 이런 변수는 생각도 하지 못했다. 나는 여행을 중단하는 게 맞다고 생각했지만, 실제로 결정을 내리기까지는 많은 시간이 걸렸다. 아직 가보지도 못한 아프리카 대륙, 그리고 많은 나라들…. 1년이라는 기간을 정하고 떠났는데 다 채우지 못하고 돌아가야 한다고 생각하니 마음이 무거웠다. 그렇게 가고 싶었던 한국이었지만, 갑작스레 아무런 마음의 준비 없이 들어가게 될 줄은 상상도 하지 못했다. 이것은 여행의 끝인가, 중단인가? 마지막까지 물음표에 답을 하지 못한 채 나는 한국으로 돌아가게 되었다.

Incheon, Korea

EPILOGUE

여행을 마치며…

여행을 마치고 나에게 큰 변화는 없었다. 하지만 여행이 끝나고 1년이 지난 후 나는 달라진 것을 느낄 수 있었다. 내가 가진 것에 대해 감사하게 되었고, 하고 싶은 일은 꼭 하면서 살자는 생각을 가지게 되었다. 내 삶에도 여유가 생겼다. 더 이상 남들과 비교하는 삶이 아니라, 내 기준에서 행복을 찾게 되었다. 20대의 마지막 자락에 잊지 못할 경험과 추억을 얻었고 그로 인해 또 다른 꿈을 꾸게 되었으니 그것만으로도 이젠 즐겁게 살 수 있을 것 같다.

너
자신을
사랑하라

초 판 1 쇄   2021년 5월 25일
지 은 이   장희정
펴 낸 곳   하모니북

출판등록   2018년 5월 2일 제 2018-0000-68호
주   소   서울 영등포구 선유로 43가길 24, 104-1002 (07210)
이 메 일   harmony.book1@gmail.com
전화번호   02-2671-5663
팩   스   02-2671-5662

ISBN 979-11-89930-99-8 03990
© 장희정, 2021, Printed in Korea

값 18,800원

이 도서의 국립중앙도서관 출판예정도서목록(CIP)은 서지정보유통지원시스템 홈페이지
(http://seoji.nl.go.kr)와 국가자료공동목록시스템(http://www.nl.go.kr/kolisnet)에서 이
용하실 수 있습니다.